Susanne Graf

WIR vom Jahrgang 1978

Kindheit und Jugend

Wartberg Verlag

Impressum

Bildnachweis:

Titel: Susanne Graf: oben und unten; Mario Preiszig: mitte links, Melanie Boy: mitte links
Susanne Garcia Beier (ehem. Graf), Pforzheim: S. 4, 5, 6, 7u, 10, 12u, 13, 19, 26, 20, 21, 23 (2), 28, 29o, 31, 32, 34u, 36 (2), 40, 41, 44, 47u, 49, 50, 56, 63u; Melanie Boj, Stein: S. 8, 14, 17o, 33re, 35, 38, 55 (2), 57 (2), 58, 63o; ullstein bild–Sven-Simson: S. 9; ullstein bild-AP: 11; Mario Preiszig, Eisingen: S. 7o, 12 o, 15, 17u, 24, 25, 29u, 35li, 52, 59 (2); ullstein bild-KPA: S. 16; ullstein bild-Dietrich: S. 18; ullstein bild-Meldepress: S. 30; ullstein bild-Rogge: S. 34o; ullstein bild-dpa: S. 37, 62; ullstein bild-Röhrbein: 42, 43; Bauer München Redaktions GmbH, München: S. 45; ullstein bild-IT: S. 47o; ullstein bild-werek: S. 48; ullstein bild-Müller-Staufenberg: S. 50; ullstein bild-Jazz-Archiv Hamburg: S. 60; ullstein bild-AP: S. 61.

Wir danken allen Lizenzträgern für die freundliche Abdruckgenehmigung.
In Fällen, in denen es nicht gelang, Rechtsinhaber an Abbildungen zu ermitteln, bleiben Honoraransprüche gewahrt.

5., überarbeitete Neuauflage 2017

Gestaltung und Satz: r2 | Ravenstein, Verden
Druck: Druck- und Verlagshaus Thiele & Schwarz GmbH, Kassel
Buchbinderische Verarbeitung: Buchbinderei S. R. Büge, Celle

34281 Gudensberg-Gleichen • Im Wiesental 1
Telefon: 056 03/9 30 50 • www.wartberg-verlag.de
ISBN: 978-3-8313-3078-2

Vorwort

Liebe **78er!**

Pferde sind wir – zumindest nach dem chinesischen Horoskop. Und nicht nur die Mädchen unseres Jahrganges – die beinahe ausnahmslos in Kindertagen die Pferdezeitschrift „Wendy" abonniert hatten. Auch für Jungen bedeutet, im Jahr des Pferdes geboren zu sein: Wir sind stürmisch, aufbrausend, zielstrebig. Egoistisch, ungeduldig und empfindlich. Kulturell westlicher betrachtet ist 1978 nicht das Jahr der Pferde, sondern eher das der Päpste. Und gänzlich unkatholisch gesehen auch das Jahr des ersten Retortenbabys, das am 26. Juli 1978 in London zur Welt kam. Der Mount Everest wurde in unserem Geburtsjahr von Reinhold Messner am 8. Mai erstmals in der Geschichte ohne Sauerstoff bestiegen. Wenn das kein gutes Omen ist. Ja, wir – inklusive des besagten Retortenbabys – sind frohen Mutes aus Mutters Schoß galoppiert und waren bereit, unsere Kür zu meistern. Dressur mit links, Hürden in gelassenem Galopp – so stellt sich wenigstens der Chinese unseren kraftstrotzenden Jahrgang vor. Zugegeben: Damals wussten wir noch nicht, dass wir als Fast-Erwachsene den Siegeszug von Computer und Internet erleben würden. Und dass die Welt sich dadurch schneller drehen sollte. Wir wussten noch nicht, dass es einmal schwer werden könnte, nach Ausbildung oder Studium einen Job zu bekommen. Zum Glück! Sonst wären wir schließlich niemals so entschlossen durch unsere jungen Jahre getrabt, die für uns als Kinder weiß Gott nicht immer so klar durchschaubar waren, wie folgende Beispiele zeigen: Wir dachten, dass nur Deutsche gut Tennis spielen, Steffi Graf und Boris Becker verheiratet sind und unsere Fußballnationalmannschaft immer gewinnt. Nach Tschernobyl lernten wir, dass man nicht alles essen musste, was auf den Teller kam. Die Daily Talkshows hielten pünktlich zu unserer postpubertären Phase Einzug in unsere Wohnzimmer und die gepiercten Gäste diskutierten unter den entsetzten Aufschreien der älteren Generation im Fernsehen öffentlich über sicheren Geschlechtsverkehr und Vaterschaftstests. Ja, es war jede Menge los in unserer Kindheit und Jugend. Aber was rede ich – lesen Sie selbst.

S. Graf

Susanne Graf

1978–1980

Soooo niedlich!

„Penaten" und „bebe" für unseren zarten Babypopo.

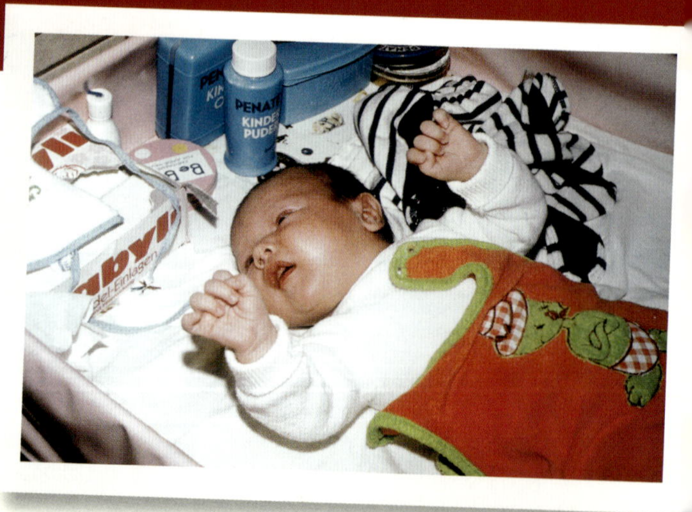

Eben noch in Mutters Bauch

Wir 78er waren nicht anders als andere Kinder auch. Laut, chaotisch und unendlich niedlich. So niedlich, dass man uns das Gitterbettchen so vollpackte, dass wir beinahe selbst keinen Platz mehr darin hatten. Teddys, Puppen, Hampelmänner, Rasseln, Schnuller – und oben drüber die obligatorische Spieluhr mit „Schlaf, Kindchen, schlaf" oder das Mobile mit baumelnden Kätzchen,

Chronik

2. Februar 1978
Der deutsche Verteidigungsminister Georg Leber tritt von seinem Amt zurück.

3. September 1978
Ein schweres Erdbeben mit Epizentrum in Albstadt erschüttert die Schwäbische Alb. Es hat eine Stärke von 6 auf der Richterskala und ist noch über 100 Kilometer weit entfernt deutlich zu spüren.

13. Dezember 1978
Das deutsche Frachtschiff MS München geht im Nordatlantik unter. Eine groß angelegte Rettungsaktion bleibt erfolglos.

28. Dezember 1978
Norddeutschland versinkt im Schnee. Es fallen bis zu 60 Zentimeter Schnee pro Quadratmeter binnen weniger Stunden. Stromleitungen brechen zusammen, rund 150 Orte in Niedersachsen und Schleswig-Holstein sind komplett von der Außenwelt abgeschnitten.

17. Januar 1979
Der erste Smogalarm der Bundesrepublik wird am Niederrhein und im Ruhrgebiet ausgelöst.

23. Mai 1979
Zum fünften Präsidenten der Bundesrepublik wird Karl Carstens (CDU) gewählt.

7. Juni 1979
In neun europäischen Ländern finden die ersten Wahlen zum Europaparlament statt.

3. Juli 1979
Franz Josef Strauß wird Kanzlerkandidat der CDU/CSU für die Bundestagswahl 1980.

13. Januar 1980
Die Grünen gründen in Karlsruhe eine Partei auf Bundesebene.

6. April 1980
Die Sommerzeit wird wieder eingeführt. Ab sofort müssen die Bundesbürger an einem Sonntag im Frühjahr wieder mit einer Stunde Schlaf weniger auskommen.

26. September 1980
Auf das Münchner Oktoberfest wird ein Bombenattentat verübt. 13 Menschen sterben, über 200 werden verletzt.

4. November 1980
Der 69-jährige Republikaner Ronald Reagan gewinnt die Präsidentschaftswahlen in den USA.

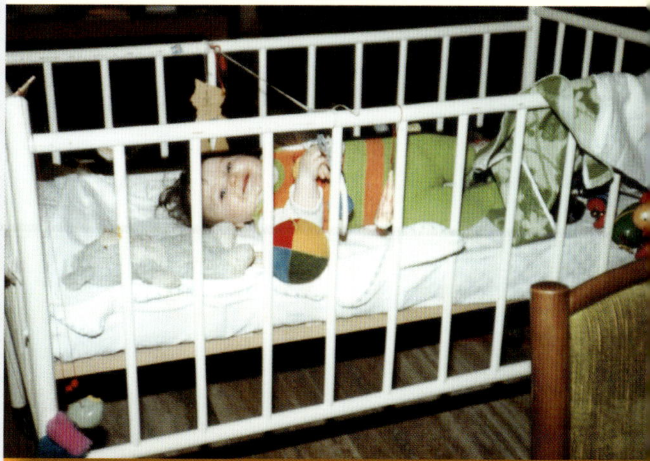

So viele neue Spielsachen! Propere Kinder wollen beschäftigt werden.

Hündchen, Mäuschen, Schäfchen oder Entlein. Unser Outfit war wahlweise grün-orange oder ockerfarben. Unsere Mütter trugen Schürzen aus Wachsdeckenstoff, um der Besabberung vorzubeugen. Unsere Väter trugen Brillen mit enorm dicken Rändern, unsere älteren Geschwister enge blaue Adidas-Hosen, braune Socken mit Rautenmuster und braune oder grüne Nicki-Pullover. Das war uns in unserem privaten V.I.P.-Kinderbettchen aber ziemlich egal. Ob modisch korrekt oder nicht: Wir waren ohnehin die neuen krähenden Superstars und hatten reichlich Publikum beim „gaga"-Sagen und „Beinchenhochstrecken".

Wir wurden quasi als Generation von Filmsternchen geboren. Irgendjemand aus der Verwandtschaft hatte immer eine Super-8-Kamera parat, mit der

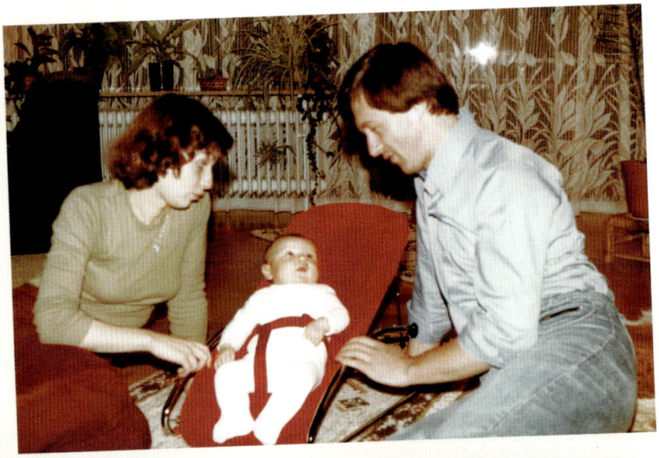

Aha, so sehen also meine Eltern aus.

peinlichst genau – wenn auch meist ohne Ton – dokumentiert werden konnte, wann wir wo und wie gegessen, etwas kaputt gemacht oder einfach nur geschlafen hatten.

Modisch korrekt

In blauen Stoffkinderwagen schoben unsere Mamas uns Spazierwege durch Stadtparks und Wälder und Weinberge entlang. Dabei trugen sie erschreckend große Sonnenbrillen, die irgendwie aussahen wie die Facettenaugen von Insekten.

Der Ausblick von der Wickelkommode bescherte uns ähnlich Schauriges: braune oder olivgrüne Fliesen an der Badezimmerwand, formschöne runde Spiegel und mit olivgrünem oder ockerfarbenem Frottier bezogene Klodeckel. Die Tapeten im Wohnzimmer waren meistens naturnah aus braunem Stroh oder mit – wer hätte es gedacht – olivgrünem und braunem Muster.

Zur heiligen Taufe war die Farbe der Bekleidung gottlob eher klassisch: weiße lange Taufkleidchen – oder eher

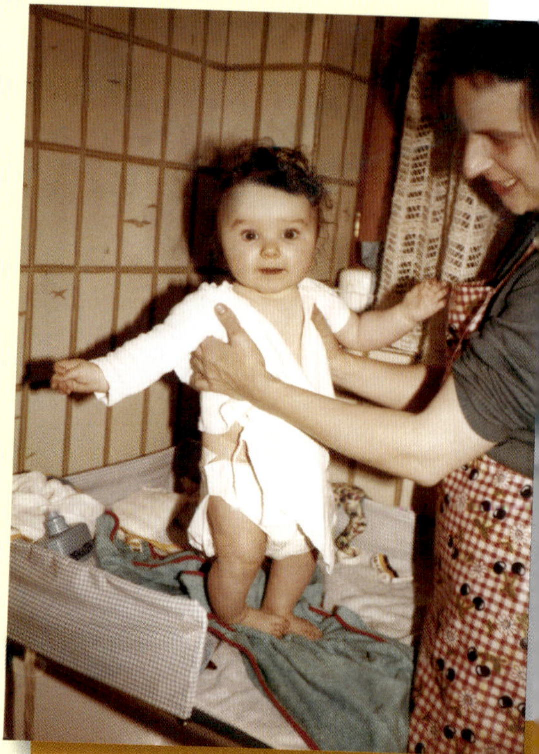

Papa macht ein Foto von uns.

Einen für die Mama, einen für den Papa …

„Taufsäcke". Diese Gewänder waren nämlich zum einen so groß, dass man uns gut und gerne bis über den Kopf hätte hineinstecken können. Und zum anderen waren sie unten herum oft zugenäht. Wir bekamen mindestens zwei Vornamen, ein Taufkettchen mit eingraviertem Geburtsdatum und mit etwas Glück ein frisch eröffnetes Konto, auf das zur Taufe – je nach Großzügigkeit der Verwandtschaft – zwischen zehn und 200 Mark eingezahlt wurden. Die Paten waren im Normalfall Blutsverwandte. Nur einige fortschrittliche Eltern trauten sich schon damals, Freunde als Paten für uns einzusetzen.

Die fühlten sich dann ziemlich gebauchpinselt, als Bezugsperson für so einen niedlichen neuen Menschen ausgewählt worden zu sein. Und sie standen unseren Müttern gerne mit Rat und Tat zur Seite. So auch in Ernährungsfragen.

Ernährungstechnisch waren unsere Mütter noch nicht so differenziert wie heutzutage. Darum hieß die Devise: „Das Kind ist im Wachstum!" Und deshalb sollten wir nie Hunger leiden. Eine Ernährungskontroverse allerdings gab es bei unseren Müttern: Brust oder Chemie-Keule? Nach dem sogenannten „Nestlé-Boykott", der schon lange vor unserer Geburt angefangen hatte zu brodeln, war nicht mehr klar, ob künstliche Babynahrung nun gut für die kleinen Kinderchen ist oder nicht. Schon 1974 begannen sich Experten die Köpfe heiß zu reden, ob die zunehmende Umstellung auf Muttermilchersatzprodukte in der Dritten Welt vermehrt zu Durchfallerkrankungen und Mangelerscheinungen führen würde oder nicht. Als wir nun 1978 hungrig schreiend zahnlos in unseren Kinderwagen nach Essen gierten, standen unsere Mamas nach wie vor vor der Frage: Stillen oder Pulvermilch? Denn irgendwie hatten alle wegen der vielen Negativschlagzeilen der letzten Jahre noch etwas Bauchweh in Bezug auf das Pulver aus der formschönen Blechdose.

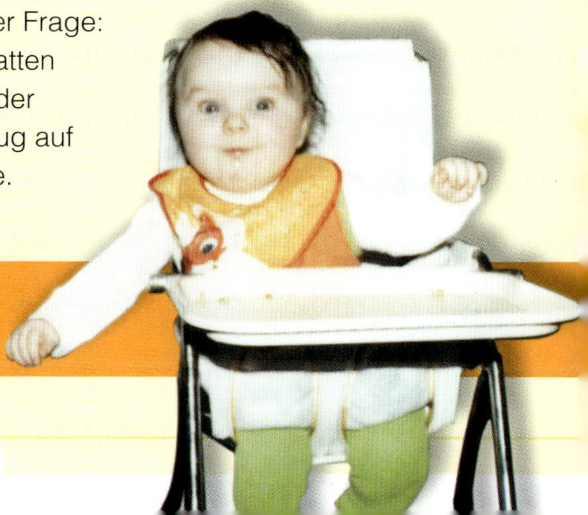

Ob Papa den Löffel aufhebt, wenn ich ihn fallen lasse?

Strippstrappstrull, ist der Eimer noch nicht full?

Gerade unsere ersten drei Lebensjahre beschränkten sich vorrangig darauf, elementar wichtige Dinge kennenzulernen. Zum Beispiel dass das, was wir in die Windeln machten, offensichtlich nicht besonders gut roch. Irgendwie komisch. Da verzog vor allem der Papa das Gesicht zu den schlimmsten Grimassen, wenn er unsere volle Windel aufmachte und wedelte sich extrem heftig mit der Hand vorm Gesicht herum.

Und kurze Zeit später, als wir auf kleine Töpfchen oder sogar (mit Festhalten) auf die Kloschüssel für die Großen gesetzt wurden – da bekamen wir auf einmal heftiges Lob für alles, was wir hineinmachten. Unsere Mütter schrien auf vor Entzücken: „Ja, fein hast du das große Aa gemacht!" Und wir waren ganz stolz auf das, was da den Abfluss runterging und guckten jedes Mal genau nach, wie es diesmal ausgesehen hatte. Manchmal mussten unsere Mamas es sogar anfassen. Und zwar dann, wenn wir die teure Perlenkette aufgegessen hatten oder kleine Geldstücke unserem Hunger zum Opfer gefallen waren. Dann mussten wir schnell viele Brötchen essen und Mama sagte ganz cool: „Das kommt hinten wieder raus."

Diese Baby-Problemchen waren natürlich im Vergleich zu dem, was in der Tagesschau berichtet wurde, relativ unbedeutend.

Höchste Konzentration beim Pipi-Machen.

Hrubesch vor, noch ein Tor!

Wir konnten noch nicht so richtig mitfeiern, als Horst Hrubesch in der 89. Minute eine Ecke im Endspiel verwandelte und so Deutschland zum zweiten Mal zum Fußball-Europameister machte. Da waren wir gerade mal zwei Jahre alt. Aber nach dem 22. Juni wurden wir von fußballbegeisterten Vätern und Brüdern erst recht mit dem runden Leder traktiert. Denn nach der Pleite bei der Weltmeisterschaft 1978 war Fußball jetzt wieder Ehrensache. Das Spiel in Rom gegen die belgische Nationalmannschaft entschied die deutsche Mannschaft mit 2:1 für sich. Schon den Führungstreffer in der zehnten Spielminute erzielte der Hamburger Spieler Hrubesch, bekannt auch als das „Kopfballungeheuer".

Die siegreiche Mannschaft setzte sich wie folgt zusammen: Harald Schumacher; Bernard Dietz, Bernd Förster, Karl-Heinz Förster, Manfred Kaltz; Hans-Peter Briegel, Bernhard Cullmann, Felix Magath, Lothar Matthäus, Caspar Memering, Hansi Müller, Bernd Schuster, Uli Stielike, Mirko Votava; Klaus Allofs, Karl Del'- Haye, Horst Hrubesch, Karl-Heinz Rummenigge. Trainer war der legendäre Jupp Derwall.

„Unsere" Elf vor Spielbeginn. Das Fußball-EM-Finale 1980.

Guten Abend, meine Damen und Herren

Außerhalb unseres vollgestopften Kinderbettchens ging es weit weniger kuschelig und gemütlich zu. Während wir damit beschäftigt waren, laufen, sprechen und essen zu lernen, hatte die Welt sich mit weitaus wichtigeren Themen zu befassen. So saßen unsere Eltern bestürzt vor dem Fernseher, als am 11. Juli 1978 die Meldung kam, dass an der spanischen Costa Blanca auf dem Campingplatz Los Alfaques 180 Menschen starben und 600 zum Teil schwer verletzt wurden. Ein Tankwagen war explodiert und hatte das Ferienparadies in ein flammendes Inferno verwandelt. Keinen Monat später, am 6. August, starb nach 15-jährigem Pontifikat Papst Paul VI. im Alter von 81 Jahren. Sein Nachfolger, Kardinal Albino Luciani, blieb nur 33 Tage im Amt. Ein Herzschlag raffte den erst 65-Jährigen dahin.

Wir haben verstanden: Fußball ist etwas sehr, sehr Wichtiges.

Und so wir schon auf der Welt waren, erlebten wir bereits in unseren ersten paar Lebensmonaten den dritten Papst in Amt und Würden: Der polnische Kardinal Karol Wojtyla wurde am 16. Oktober als Johannes Paul II. zum Oberhaupt der katholischen Kirche gewählt. Und seine Amtszeit sollte sogar unsere Volljährigkeit um Jahre überdauern.

Leider schied 1978 die deutsche Fußballnationalmannschaft vorzeitig bei der Weltmeisterschaft aus. Ein wenig beschwichtigend dürfte es auf unsere Väter und Brüder gewirkt haben, als die deutsche Fußballnationalmannschaft 1980 mit einem 2:1-Sieg gegen Belgien in Rom wenigstens die Europameisterschaft gewann. Da konnten wir zwar selber noch nicht Fußball spielen, aber immerhin aufrecht zwischen den Beinen unserer Eltern hin- und her schwanken und uns merken: Papa freut sich, wenn die vielen Männer mit den weißen T-Shirts im Fernsehen sich auch freuen.

Verseuchte Küsten

Der Tanker „Amoco Cadiz" der Amoco Oil Corporation läuft am 16. März 1978 an der Küste der Bretagne auf Grund. Er bricht in zwei Teile, was zu einem der größten Ölunglücke der Geschichte führt. 223 000 Tonnen Rohöl laufen ins Meer. Rund 400 Kilometer Strand und Felsküste der Bretagne werden verseucht. Der Ölteppich entspricht in seiner Ausbreitung in etwa der Größe des Saarlandes. Als Ursache wird der Ausfall der Ruderanlage festgestellt. Bei starkem Wind hatte die Mannschaft zunächst versucht, den Schaden zu beheben, obwohl das Schiff zu diesem Zeitpunkt nur 24 Kilometer vor der Küste lag. Erst nach rund zweieinhalb Stunden traf ein Schlepper ein, der allerdings nicht genug Leistung hatte, um das Schiff in eine günstigere Position zu bringen. Der zweite Schlepper kam zu spät. Gegen 21 Uhr kollidierte die Amoco Cadiz mit einem Felsen vor Portsall, etwa 24 Kilometer nordöstlich von Ouessant. Die Mannschaft wurde mit dem Hubschrauber gerettet. In der Nacht brach das Schiff in zwei Teile und sank.
In den darauffolgenden Wochen machte sich ein Heer von freiwilligen Helfern daran, die Küsten in mühsamer Handarbeit zu säubern. Allein 100 000 Tonnen Schnecken und Muscheln wurden getötet, ebenso eine enorme Menge an Fischen und Seevögeln. Das Tankerunglück ließ die Diskussion um die Notwendigkeit internationaler Kontrollen der zahlreichen Öltransporte über die Weltmeere wieder aufflammen.

Die von dem Unglück betroffenen Gemeinden und die Regierung Frankreichs verklagten die US-amerikanische Amoco-Gesellschaft. 14 Jahre später bekamen sie 1,257 Milliarden Francs, das entspricht 190 Millionen Euro. Diese Summe war weniger als die Hälfte des Geldes, das sie gefordert hatten. Inzwischen ist das Wrack der Amoco Cadiz ein beliebter Platz für Taucher vor der bretonischen Küste. Nur das Mittelstück und das Heck stehen noch zur Verfügung, denn der Bug nach einem Sturm inzwischen nicht mehr auffindbar.

Uns gefiel nicht alles, was im Radio kam.

Still sitzen is' nich

Von Lesen lernen konnte in unserem zweiten Lebensjahr natürlich auch noch keine Rede sein. Deshalb entschieden wir uns dafür, die Bücher entweder einfach aus dem Schrank herauszunehmen und auf dem Boden zu verteilen oder mit Schokoladenfingern und Malstiften zu verschönern. Für anderes waren langweilige Bücher ohne bunte Bilder noch nicht zu gebrauchen. Aber immerhin war das Buch, das viele von uns später mit Begeisterung verschlingen sollten, bereits 1980 der absolute Bestseller: „Der Herr der Ringe" von John Ronald R. Tolkien stürmte die Büchercharts. Musikalisch landete Pink Floyd mit „Another Brick in the Wall" einen Volltreffer, und so wir ältere Geschwister hatten, formte sich unbewusst schon damals unser Musikgeschmack eher gen Rock oder Pop. Ein Jahr später – nämlich 1981 – sollte ABBA mit „Super Trouper" eine völlig andere Richtung vorgeben – die unseren persönlichen Superhits wie „Schlaf, Kindlein, schlaf" oder „Fuchs, du hast die Gans gestohlen" zu jener Zeit allerdings noch in keiner Weise das Wasser reichen konnten. Zwar waren wir selbst zu diesem Zeitpunkt noch

Ein Blumenstrauß zum Muttertag.

nicht textsicher, aber immerhin konnten wir die Melodie so ungefähr mit „Lalala“ und zuckenden Beinbewegungen untermauern. Bedauerlicherweise starben 1980 auch zwei kulturell bedeutende Persönlichkeiten. Der Altmeister des Kriminalfilms, Alfred Hitchcock, stirbt im Alter von 80 Jahren, und Ex-„Beatle“ John Lennon wird mit nur 40 Jahren in New York erschossen (was viele unserer Eltern in eine mittelschwere Krise stürzte).

Stillgestanden!
Sind wir nicht stramme Bürschchen?

Doppel-Deutschland

In unserem Geburtsjahr besteht Deutschland noch aus zwei Teilen: Der BRD und der DDR. Da sich das im Verlauf unserer Jugend allerdings ändern wird, hier eine kurze Zusammenfassung des Status quo beider deutscher Staaten zum Zeitpunkt unserer Geburt:

Der Westen: Einschließlich der geteilten Stadt Berlin gliedert sich die Bundesrepublik in unserem Geburtsjahr 1978 in elf Bundesländer. Der Bundestag hat insgesamt 496 Abgeordnete. Davon gehören 243 der CDU/CSU, 214 der SPD und 39 der FDP an. Staatsoberhaupt ist Bundespräsident Walter Scheel (FDP). Bundeskanzler ist derzeit Helmut Schmidt (SPD) und die FDP stellt mit Hans-Dietrich Genscher den Außenminister. Die Hauptstadt der BRD ist Bonn mit rund 283 000 Einwohnern. Die Gesamtbevölkerung der Bundesrepublik umfasst im August 1978 ca. 61 323 000 Bundesbürger. Im Jahresdurchschnitt beläuft sich die Zahl der Arbeitslosen – man höre und staune – auf gerade mal 989 000.

Der Osten: Die DDR besteht aus 15 Verwaltungsbezirken. Staatsform ist die Volksrepublik. Das Staatsoberhaupt ist der Staatsrat der DDR mit seinem Vorsitzenden Erich Honecker, Regierungschef Willi Stoph und Außenminister Oskar Fischer. Die Hauptstadt ist Ost-Berlin mit rund 1 111 000 Einwohnern.

Die Gesamtbevölkerung beläuft sich auf 16 760 000 Einwohner. Wirtschaftlich schwört die DDR auf die sogenannte Planwirtschaft. Das heißt zu deutsch: Arbeitslose hat es nicht zu geben.

Von einer entspannten Atmosphäre zwischen BRD und DDR kann 1978 allerdings noch keine Rede sein. Sporadisch auftretende willkürliche Reisebeschränkungen, Einschränkungen der Pressefreiheit und der Umgang der DDR-Regierung mit Regimegegnern belasteten das Verhältnis.

Zwischen Kindergarten und Fernseher

1981-1983

Wir kommen in den Kindergarten.

Wo sind wir denn jetzt gelandet?

Wir kamen uns ein bisschen vor wie „E. T. der Außerirdische". Das kleine Geschöpf aus dem Weltall landete 1982 in den Kinos, und wir waren kürzlich im Kindergarten gelandet. Für die meisten unter uns war der größte Wunsch identisch mit dem von E. T.: „Nach Hause telefonieren!" Denn seien wir doch mal ehrlich: Es war anstrengend genug, nicht mehr in die Hosen zu

Chronik

1. Januar 1981
Griechenland wird Vollmitglied der EU.

12. April 1981
Der erste Spaceshuttle startet ins Weltall.

7. Juli 1981
Sitzungen des Europäischen Parlaments werden zukünftig, so lautet der Beschluss, in Straßburg statt in Luxemburg stattfinden.

4. November 1981
Der Schauspieler Ronald Reagan gewinnt die Präsidentschaftswahlen in den USA.

31. Januar 1982
13 deutsche Schüler kommen bei einem Lawinenunglück in Österreich ums Leben.

29. Mai 1982
In Paris stirbt die 49-jährige Schauspielerin Romy Schneider.

21. Juni 1982
Prinzessin Diana bringt den Thronfolger William Arthur Philip Louis zur Welt.

11. Dezember 1982
Letzter gemeinsamer Auftritt der schwedischen Erfolgsband ABBA in einer britischen Fernsehsendung.

6. März 1983
Bei den vorgezogenen Neuwahlen zum zehnten Bundestag fällt die SPD mit 38,2 Prozent erstmals seit 1965 unter 40 Prozent. Die CDU/CSU dagegen erhält 48,8 Prozent der Stimmen. Mit 5,6 Prozent ziehen die Grünen erstmals in den Bundestag ein.

25. April 1983
Die „Hitler-Tagebücher", die im Magazin „Stern" veröffentlicht worden waren, werden als Fälschungen entlarvt.

23. September 1983
In Berlin wird die deutsche AIDS-Hilfe gegründet.

22. Oktober 1983
Weit über eine Million Menschen beteiligen sich an Protestkundgebungen gegen Atomwaffen und Aufrüstung in Deutschland.

14. November 1983
Die erste 30er-Zone Deutschlands wird als Modellversuch in der Innenstadt von Buxtehude eingerichtet.

Weihnachten war für uns das große Fest des Jahres.

machen, ein paar fehlerfreie Sätze zu sprechen und beim Essen mit dem Plastiklöffel auf Anhieb den Mund zu treffen. Wer hat da schon Lust, sich von Mamas Rockzipfel zu trennen und auch noch den ganzen Tag mit anderen Kindern um die Spielsachen streiten zu müssen.

Serienfieber

Seit wir denken können, gab es jedes Jahr im Fernsehen die Institution „Weihnachtsserie". Das Zweite Deutsche Fernsehen hatte 1979 mit „Tim Thaler - Das verlorene Lachen" begonnen, jedes Jahr im Advent einen Mehrteiler für die ganze Familie zu senden. 1981 waren wir alt genug, um auch diese Mehrteiler ansehen zu dürfen. Und so kam es, dass Jungen wie Mädchen ab Ende 1981 sein wollten wie „Silas". Der Junge, der mit seinem Pferd durch die Gegend reitet. Für viele ist Hauptdarsteller Patrick Bach durch diese Rolle zur ersten „Kindergartenliebe" geworden. Er schaffte es, unserem bisherigen Helden „Zorro" den Rang abzulaufen. Auch 1982 glänzte Bach in der Adventsserie „Jack Holborn". 1983 eroberte das „Nesthäkchen" die vorweihnachtlichen Wohnzimmer.

Bis einschließlich 1995 begleiteten uns diese wunderbaren Mehrteiler im öffentlich-rechtlichen Fernsehen, von denen viele für uns Kultstatus erreicht haben. Neben „Silas" sei hier noch „Oliver Maass" (1985) erwähnt, und natürlich „Anna". Mit Silvia Seidel in der Hauptrolle als verunfallte junge Ballerina hatte „Anna" 1987 vor allem für Mädchen rasch eine Vorbildfunktion inne, und den Jungs ging das ganze Getue um Ballett (und im Übrigen wieder um Patrick Bach in der zweiten Hauptrolle im Rollstuhl) gehörig gegen den Strich.

Film „Anna".

Öffentliche Peinlichkeiten

Ja, das machte alles ziemlich viel Spaß. So viel Spaß, dass einige von uns darüber vergaßen, dass man zu Hause gelernt hatte: Wenn man Pipi muss, soll man Bescheid sagen. Dann geht jemand von den Großen mit einem aufs Klo. Im Kindergarten funktionierte das nur bedingt. Bei all der Knet- und Malaufregung ging das eine oder andere Tröpfchen oft daneben. Mit extrem schwerwiegenden Folgen: Wurde das Übel von einer der Erzieherinnen entdeckt, winkte sogleich die größte nur denkbare Peinlichkeit unserer kleinen Kinderwelt:

Damit wir auch nicht untergehen:
Schwimmflügel in der Badewanne.

Die Ersatzhose! Es gab jede Menge Ersatzhosen für solche „Unfälle“. Das Schlimme daran war nur, dass die leidigen Ersatzhosen alle gleich aussahen. Braune Hosen mit grünen Herzen auf den Knien zum Beispiel. Oder karierte Hosen in einer Farbe, die keine Mutter jemals für uns gekauft hätte. Kurz: Es ließ sich unmöglich verheimlichen, dass man wieder einmal vergessen hatte, Bescheid zu sagen. Auf den ersten Blick war klar: Aha! Er nun wieder! Oder sie. Nach so einem Vorfall war der Ehrgeiz etwas größer, sich beim nächsten Mal rechtzeitig zu Wort zu melden. Wenn unsere Eltern so eine Peinlichkeit mitbekamen, wurden wir zu Hause postwendend in die Wanne gesteckt.

Wir waren schon immer Superhelden.

Ein Aktionstag der deutschen AIDS-Hilfe in München, 1987.

AIDS wird entdeckt

Wir waren drei Jahre alt, als Dr. Michael Gottlieb 1981 erstmals das bisher unbekannte Phänomen beschrieb: Völlig gesunde homosexuelle Männer erkrankten an Infektionen, die erschreckend oft tödlich verliefen. Es zeigte sich, dass neben homosexuellen Männern auch viele Drogenabhängige dieses Schicksal erlitten. Dazu auch Menschen, die eine Bluttransfusion bekommen hatten. Man kam zu der Vermutung, dass es sich um eine erworbene Immunschwäche (acquired immune deficiency syndrome – kurz AIDS) handeln könnte. 1982 wurde AIDS erstmals in Deutschland bei einem Patienten in Frankfurt diagnostiziert. Die Medien konnten sich nicht zurückhalten. Spekulationen über die Ursache der mysteriösen Erkrankung heizten eine publikumswirksame Debatte an, die zu großer Verunsicherung in der Bevölkerung führte. Vermutungen, das Virus werde von einer afrikanischen Affenart übertragen, konnten von der Wissenschaft bald widerlegt werden.

Anfangs galt die Erkrankung in der Öffentlichkeit ausschließlich als Problem von Randgruppen wie Homosexuellen und Drogenabhängigen. So war sie in den USA bis 1982 auch unter den Namen GRID (Gay-Related Immune Deficiency) oder GIDS (Gay People's Immune Deficiency Syndrome) bekannt. Durch das Aufkommen von HIV-Tests änderte sich das aber dramatisch. Denn auch bei heterosexuellen und nicht drogenabhängigen Menschen ohne offensichtliche Symptome wurden entsprechende Antikörper nachgewiesen. Das wiederum deutete auf eine Inkubationszeit von mehreren Jahren hin, in der das Virus möglicherweise auch unbemerkt weitergegeben werden konnte. 1983 konnte eine französische Forschergruppe das sogenannte LA-Virus isolieren. Hier wurde die Ursache der Immunschwäche AIDS vermutet. Am 6. Juni titelte das Magazin „Der Spiegel“: „Tödliche Seuche AIDS: Die rätselhafte Krankheit“. AIDS trat in das Bewusstsein der breiten Öffentlichkeit in Deutschland. Am 23. September 1983 wurde in Berlin die Deutsche AIDS-Hilfe gegründet. Als 1984 in den USA bei AIDS-Patienten das HTLV-IIIVirus entdeckt wurde, stellte sich rasch heraus: LAV und HTL-III sind identisch. 1986 etablierte sich dafür der Name Humanes Immundefizit-Virus (HIV).

Nachdem 1984 der Weltgesundheitsorganisation (WHO) offiziell 4500 Personen als aidskrank bekannt sind, werden es 1988 bereits 10 Millionen sein.

Familienurlaub

Am besten ließ sich auf den Kindergarten verzichten, wenn es in den jährlichen Familienurlaub ging. Begehrte Ziele waren Spanien, Frankreich und Italien genauso wie das Allgäu, Österreich, Ost- oder Nordsee. Allerdings gab es noch nicht diese Flut an Pauschalreisen inklusive Kinderbetreuung und Wellness für die Frau Mama. Man fuhr nicht nur mal eben zum Flughafen, ohne zu wissen, wie es am Zielort sein würde. Nein, wenn es in den Urlaub ging, dann war das immer mit positivem Stress, Hektik und Aufregung verbunden. Urlaub hieß: Lange Autofahrten auf dem gut gepolsterten Rücksitz, Kühltasche nebst selbst geschmierter Brote, gekochten Eiern, Äpfeln und jeder Menge Spaß. Wir Kinder fragten uns, wie unsere Eltern nur den Weg finden konnten. „Wo fahren wir hin? Nach Borkum? Aber das steht doch auf keinem Straßenschild?“ Eben, unsere Mütter brauchten weder Straßenschilder noch Navigationssysteme.

Sie hatten schon lange vor der Urlaubsreise anhand von schlauen Büchern die Route und das Ziel studiert und waren echte Weltmeisterinnen im Landkartenlesen. Unsere Väter waren dankbare Autofahrer, die immer anhielten, wenn wir mal Pipi mussten. Auf allen Rastplätzen quer durch Europa gab es Salamibrötchen und Limonade. Und zu unserer Unterhaltung die neuste Folge von Benjamin Blümchen oder Bibi Blocksberg auf Kassette.

Mit Kind und Kegel im Familienurlaub.
Wir flogen nicht, sondern fuhren tausend Kilometer mit dem Auto.

Von Joystick und Fire-Button

Sie hießen „Dig Dug", „Wizard of War", „Kaiser", „Mr. Robot", „Frogger", „Speed Racer" oder „Crazy Kong" – die Spiele am C64. Erstmals wurde der Commodore-Computer der Firma CBM, der rasant alle Kinderzimmer erobern sollte, 1982 der Öffentlichkeit vorgestellt. In den USA durften die Jugendlichen schon ab September 1982 Autorennen und Olympische Spiele zocken. In Deutschland war das erst ab 1983 möglich. Allerdings kostete der „Brotkasten", wie er liebevoll genannt wurde, schlappe 1495 Mark. Jack Tramiel, der Firmengründer, sollte zwar mit dem Satz „Computer for the masses, not the classes!" auf lange Sicht recht behalten, jedoch war der C64 den meisten Eltern erstens zu teuer und zweitens irgendwie suspekt. Unsere Geschwister verschwanden fortan immer zu coolen Freunden, die so einen coolen C64 hatten, oder der coole Freund brachte seine Spielkonsole mit. Dann war abends der Satz „Du hast ja schon viereckige Augen" vorprogrammiert. Aber wie das mit allem technischen Schnickschnack so ist – irgendwann setzt er sich doch durch.

Und so hatten unsere älteren Geschwister bald einen dieser legendären Computer. Wir ließen uns selbstverständlich nicht lange bitten und saßen bald mit dem Joystick in der Hand vor dem faszinierenden Gerät. Wir kannten die Codes auswendig, mit denen man die Spiele freischaltete, und es ging los. Vor allem die „Olympischen Spiele" waren der Renner. Weil sie so leicht zu spielen waren. Turmspringen zum Beispiel. Man musste das Männchen im Badeanzug bis ganz nach vorne an das Sprungbrett navigieren. Dann sprang man mittels Knopfdruck (im Fachjargon „Press Fire-Button") in die Höhe. Um gute Drehungen zu machen und viele Punkte zu erzielen genügte es oft, einfach so schnell und heftig am Joystick hin und her zu rütteln, dass man ihn beinahe vor lauter Anstrengung auseinandergerissen hätte.

Auch Skispringen stand beim C64 hoch im Kurs. Die Schanze runter, „Press Fire-Button" und mit dem Joystick so fest nach vorne drücken wie nur möglich. Eine Technik, die wir mit sechs oder sieben Jahren bereits bestens beherrschten. Weil er so erfolgreich war, wurde der C64 insgesamt elf Jahre lang, also bis 1993, ohne bemerkenswerte Weiterentwicklungen weiterproduziert. Somit war er fester Bestandteil unserer Jugend – auch, wenn er bei einigen bald von Gameboy und Playstation abgelöst werden sollte. Über 17 Millionen Stück wurden weltweit verkauft und der C64 ging so als Computer-Top in die Technikgeschichte ein.

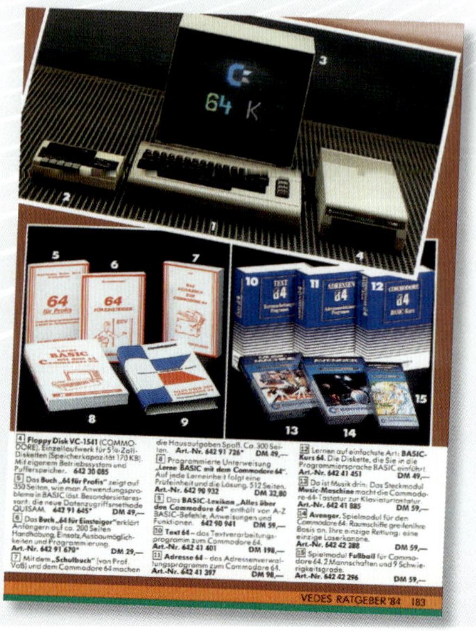

So wurde der Commodore im Katalog angeboten.

Musikalisch einwandfrei

Was die Älteren auf Kassette hörten, war für uns noch nicht wirklich interessant. Aber so wir denn musisch begabt waren, konnten wir immerhin schon im Takt in die Hände klatschen, als Nicole am 24. April 1982 den Grand Prix de la Chanson gewann. Jeder summte fortan „Ein bisschen Frieden“, und alle waren enorm stolz auf die damals 17-Jährige, die mit engelsgleichen Locken und weißer Gitarre auf ihrem Barhocker vor sich hinträllerte. Denn noch nie zuvor hatte eine Deutsche den Gesangswettbwerb für sich entschieden. Zwar war „Ein bisschen Frieden“ ein sehr schönes Lied, aber mit der Neuen Deutschen Welle, die neuerdings über die Republik schwappte, hatte das recht wenig zu tun. So landete die Spider Murphy Gang 1982 mit „Skandal im Sperrbezirk“ einen Riesenhit, und in der Hitparade im Fernsehen traten nur noch ausgeflippte Leute in komischen Klamotten mit „Vokuhila“(Vorne- kurz-hinten-lang)-Frisur auf, die unsere älteren Geschwister enorm toll fanden. Das waren zum Beispiel Trio, Ideal, Hubert Kah oder Geier Sturzflug.

Skandal im Kinderzimmer:
Wir üben für unseren Starauftritt die „Neue Deutsche Welle“.

Laterne, Laterne

Laternenumzüge waren noch etwas ganz Besonderes für uns. Da durften wir rausgehen, wenn es schon dunkel war, und die Laternen waren grundsätzlich selbst gebastelt. Besonders beliebt war die Luftballon-Technik. Ein Luftballon wurde ganz groß aufgeblasen. Dann durften wir buntes Transparentpapier in kleine Stücke reißen, und mit Tapetenkleister schön großzügig auf den Ballon kleben. Ein wunderbares Gematsche, was am Ende sogar richtig was hermachte. Denn wenn der Tapetenkleister getrocknet war, wurde einfach ein Loch in den Ballon gepikst, und in die so entstehende Papierhülle eine große Öffnung geschnitten. Das Ganze an einen Stock gebunden, Teelicht rein, Bambusstock dran – fertig.

Durch dunkle Straßen ging es dann quer durch die Ortschaft, und die Lieder, die wir schon Wochen vorher einstudiert hatten, waren unser ganzer Stolz.

Und jede Oma, der wir beim Laternenumzug begegneten, war überaus entzückt ob dieser süßen, singenden Kinder.

Ich bin klein, mein Herz ist rein

Gesungen wurde auch im Kindergottesdienst. Glücklich, wer in einer Gegend wohnte, wo so etwas angeboten wurde. Für viele Eltern eine gute Gelegenheit, sonntags wenigstens für zwei Stunden ihre Ruhe zu haben. Abwechselnd brachte uns die eine oder andere Mama ins Gemeindehaus, wo sich entweder engagierte Jugendliche oder die Pfarrersfrau persönlich um uns und unsere christliche Erziehung kümmerten. Da gab es Bildergeschichten über Mose, den verlorenen Sohn und die Geburt vom Jesuskind. Wir lernten nach und nach das Kinderstandardgebet „Ich bin klein, mein Herz ist rein, soll niemand drin wohnen als Jesus allein“ durch das originale „Vaterunser“ oder das „Glaubensbekenntnis“ zu ersetzen. Wir studierten Krippenspiele ein und durften – je nach Alter, entweder ein Engelchen, einen Hirten oder sogar einen der Heiligen Drei Könige mimen. Die Rollen von Maria und Josef blieben meistens den Schulkindern vorbehalten, weil der Text zu kompliziert war und sich kleine niedliche Kindergartenkinder einfach besser als blond gelockte Engelchen machten.

Heilig waren wir nur auf der Bühne.

Noch mit Stützrädern, aber schon fest im Sattel.

Ausflüge mit dem Kindergarten waren immer lustig und aufregend.

Pssst! Papa will Tagesschau sehen!

Die politischen Umwälzungen in Deutschland waren für uns meistens nichts anderes als „Psssst! Papa will Tagesschau sehen!" und deshalb unendlich langweilig. Allerdings bekamen wir 1983 immerhin am Rande mit: „Kohl ist Bundeskanzler!" Und das sollte sich bekanntlich auch bis über unsere Volljährigkeit hinaus nicht mehr ändern. Die SPD/FDP-Koalition war im September 1982 durch ein Misstrauensvotum gestürzt worden. Für uns wenig interessant, für die Erwachsenen aber ging dieser politische Richtungswechsel als „Wende-Wahl" in die Geschichte ein.

Überhaupt war 1983 ein Jahr, in dem vieles geboren wurde, was lange Bestand haben sollte. So war „Der Name der Rose" von Umberto Eco der neue Spitzenreiter auf dem Buchmarkt, Wolfgang Petersen machte mit seiner Verfilmung von „Die unendliche Geschichte" von Michael Ende von sich reden, „99 Luftballons" von Nena wurde der Hit des Jahres. Die Grünen zogen zum ersten Mal ins Parlament ein, und Sidney Rome und Jane Fonda machten

Aerobic als neuen Trendsport gesellschaftsfähig. Die jungen Frauen legten das Strickzeug beiseite und fortan hüpften andauernd sportliche Mädels in engen Turnanzügen zu flotter Musik über den Bildschirm, und eine Trainerin oder ein Trainer gab noch flottere Anweisungen, damit die Damen das auch richtig machten und ordentlich motiviert waren: „Uuuuund eins, uuuuund zwei, und step, und side, ja, richtig, genau so. Uuuuund noch einmal. Ja! Uuuuund step. Uuuuund side." Worte wie „Warm - up", „Cool down" und „Workout" waren in aller Munde.

Früh übt sich: Das runde Leder wuchs den Jungs meistens mit den ersten Schritten ans Herz.

Wackelzahn

Die ersten Wackelzähne fanden ihren Platz in Streichholzschachteln und kleinen Plastikdosen. Wir waren sehr stolz, und jeder musste uns in den Mund fassen und fühlen, wie der Zahn sich immer mehr hin und her bewegen ließ.

Die Zähne wurden in einem eigens gebastelten kleinen Kästchen sorgsam gesammelt. Manche älteren Geschwister zeigten sich gerne bereit, beim Ziehen der Wackelzähne zu helfen. Die Methoden waren meistens etwas abenteuerlich. So versuchten sie zum Beispiel mittels Bindfaden, der mit einem Ende an der Türklinke und mit dem anderen am Zahn festgebunden war, uns von den Beißerchen zu befreien. Wir mussten ganz still stehen bleiben, während der große Bruder oder die große Schwester die Tür mit Schmackes zuschlug. Das Ergebnis war meistens unbefriedigend. Der Zahn lockerte sich noch ein bisschen mehr, tat noch mehr weh und mit viel Pech blutete es sogar. Da war es schon besser, wenn der Zahn wieder mal im Apfel stecken blieb. Kaum waren die neuen „echten" Zähne sichtbar, nahmen es unsere Eltern mit dem abendlichen Zähneputzen noch genauer als vorher. Sie ermahnten uns: „Die Zähne hast du jetzt dein Leben lang! Oder willst du vielleicht mit vierzig schon ein Gebiss haben?"

Wenn das mal nicht überzeugende Argumente für ordentliche Mundhygiene waren!

Ach, bist du aber groß geworden!

Zu unseren Geburtstagen machten wir uns besonders chic für den Kindergarten. Im Stuhlkreis angekommen, bekam man ein Kränzchen aus Krepppapier auf den Kopf gesetzt, und der Rest der Mannschaft musste für einen singen. Zu Hause wurde nachmittags eine Geburtstagsparty gefeiert, zu der selbstredend sämtliche Tanten und Onkel anrücken mussten. Dazu kamen ausgewählte Kindergartenfreunde mit ihren Eltern und ab und an ein paar Nachbarskinder. Die Erwachsenen säuselten: „Ach, bist du aber groß geworden!“, und ließen sich darüber aus, dass wir doch eben noch in der Wiege gelegen hatten. „Wie alt bist du denn jetzt?“ Und wir sagten „vier“ oder „pfümpf“, streckten die entsprechende Anzahl Finger in die Luft und guckten verschämt zu Boden oder versteckten uns hinter Mutters Rock. Dann sagten die Tanten und Onkel: „Nein, wirklich? Schon so ein großes Kind!“, und setzten sich an die Kaffeetafel. Ja, das war so aufregend, dass wir oft die Nacht vor unserem Geburtstag kaum ein Auge zumachen konnten.

Vor allem, als es auf unseren sechsten Geburtstag zuging. Denn sechs Jahre alt sein war gleichbedeutend mit „groß“. Endlich in die Schule gehen. Das war spätestens ab dem dritten Jahr im Kindergarten unser großer Traum. So langsam hatten wir genug vom immerwährenden Stuhlkreis und Ersatzhosen. Wir brauchten neue Herausforderungen und beäugten neidisch die Kinder mit Schultüte, für die wir zum Abschied aus dem Kindergarten bei groß organisierten Festen eifrig Geschenke bastelten und Gesangseinlagen einstudierten. Bald sollte es auch für uns so weit sein. Wie wir heute wissen: Der nächste Lebensabschnitt war der längste und anstrengendste bis zum Erwachsenwerden: Die Schule.

An unserem Geburtstag waren wir immer die Hauptperson.

1984-1987

Lernen lernen

Da freuten wir uns noch auf die Schule.

Endlich sind wir auch wer

Mit stolzgeschwellter Brust und dem festen Willen, die Welt zu erobern, nahmen wir unsere Schultüte entgegen, setzten wahlweise unseren Scout- oder Amigo-Ranzen auf den Rücken und posierten fürs Klassenfoto. Endlich in die Schule! Endlich zu den Großen gehören! Wir sortierten fein säuberlich unsere Filz- und

Chronik

23. Mai 1984
Richard von Weizsäcker wird zum sechsten Bundespräsidenten der Bundesrepublik gewählt.

1. August 1984
Die Anschnallpflicht für Autofahrer in Deutschland tritt in Kraft. Wer künftig ohne Sicherheitsgurt erwischt wird, muss 40 DM Strafe zahlen.

31. Oktober 1984
Indira Gandhi wird ermordet.

7. Juli 1985
Boris Becker gewinnt im Alter von 17 Jahren das Finale im Herreneinzel von Wimbledon.

10. Juli 1985
Das Greenpeaceschiff „Rainbow Warrior" wird im Hafen von Auckland in Neuseeland vom französischen Geheimdienst versenkt.

28. Januar 1986
73 Sekunden nach dem Start explodiert die US-Raumfähre Challenger in 17 Kilometern Höhe. Alle sieben Astronauten sterben.

23. März 1987
Willy Brandt tritt überraschend vorzeitig als SPD-Parteivorsitzender zurück.

6. Juni 1987
Die 17-jährige Steffi Graf gewinnt bei den French Open in Paris ein Grand-Slam-Turnier.

17. Juli 1987
In der DDR wird erst jetzt die Todesstrafe offiziell abgeschafft.

11. Oktober 1987
Der schleswig-holsteinische Ministerpräsident Uwe Barschel wird tot in der Badewanne in einem Genfer Hotelzimmer aufgefunden. Man geht von Selbstmord aus. Keinen Monat zuvor war er zurückgetreten, weil einen Tag vor der Landtagswahl in Schleswig-Holstein das Magazin „Der Spiegel" gemeldet hatte, Ministerpräsident Uwe Barschel habe den SPD-Politiker Björn Engholm bespitzeln lassen.

20. Dezember 1987
Beim Untergang der philippinischen Fähre „Dona Paz" sterben nach einer Kollision mit dem Tanker „Vector" 4 386 Menschen. Es gilt als das schwerste Schiffsunglück in Friedenszeiten.

Holzmalstifte von hell nach dunkel, schrieben absichtlich mit Füller die falschen Buchstaben, damit wir den Tintenkiller benutzen durften. In der großen Pause schrien wir uns die Seele aus dem Leib, rannten kreuz und quer über den Pausenhof, drängelten uns beim Kauf von Butterbrezeln und Schokomilch vor und kassierten dafür eine heftige Rüge nach der anderen vom Hausmeister. Wir nannten den Radiergummi „Ratzefummel", waren stolz auf unsere Stockmar-Wachsfarben und die Pelikan-Wasserfarbkästen.

Wir lernten, dass man Namenwörter großschreibt, fragten uns, warum die Lehrer ein eigenes Klo hatten und waren nicht sicher, ob man vor Elternabenden Angst haben musste oder nicht.

Geprüfter Radfahrer!

Orange waren sie, leuchtend und grell – unsere Erstklässlermützen. Als Verkehrsteilnehmer wurden wir vorerst noch mit diesen hübschen Kopfbedeckungen als „Anfänger" gekennzeichnet. Jeder konnte sehen: Aha, ein Erstklässler auf dem Weg zur Schule. Wir stellten uns tapfer an jeden Zebrastreifen, guckten nach links und rechts und streckten den Arm aus. Dann warteten wir, bis ein Auto anhielt, um

Wir lernten richtiges Fahrradfahren in der Schule mithilfe der Polizei.

uns über die Straße zu lassen. Oft warteten wir sehr lange. Das lag aber nicht etwa daran, dass die Autofahrer unser Zeichen ignorierten. Es lag daran, dass überhaupt kein Auto kam. So standen wir da also halbe Ewigkeiten und wollten partout nur dann über die Straße gehen, wenn auch ein Auto für uns angehalten hatte.

Bald lernten wir noch viel mehr in Sachen Verkehr. Denn immer wieder kam die Polizei zur Schule, um uns das richtige Verhalten auf der Straße beizubringen. Und zwar nicht unbedingt als Fußgänger, sondern als Radfahrer. Meistens hatten die Schulen einen kleinen Parcours. Da waren dann Kreuzungen, Gehwege und Zebrastreifen auf den Asphalt gemalt. Wir mussten mit ollen klapprigen Fahrrädern, die die Polizei eigens zu diesem Zwecke mitgebracht hatte, einen vorgegebenen Weg fahren. Wir lernten, wie man mit dem Armzeichen „blinkt", wie man einen Schulterblick macht, ohne gleichzeitig eine alte Frau über den Haufen zu fahren, und dass man zum Überqueren des Zebrastreifens vom Fahrrad abzusteigen hatte. Abschließend machten wir eine echte „Fahrprüfung". Wer sie bestand, bekam den grün-weißen Wimpel, auf dem stand auf der einen Seite „Geprüfter Radfahrer – Verkehrswacht", und auf der anderen Seite „Achte auf den anderen". Dazu gab es einen Aufkleber, den man an seinen Fahrradrahmen kleben konnte.

Wir mussten raus an die frische Luft. Fußball oder Tennis spielen gegen das Garagentor zum Beispiel. Tennis war ohnehin hoch im Kurs. Denn als Boris Becker im Juli 1985 als erster Deutscher mit seinen gerade mal 17 Jahren Wimbledon gewann, war es Pflicht, mindestens einen Tennisschläger pro Haushalt zu besitzen. Die Vereine freuten sich. Urplötzlich war Tennis wieder modern, und alle, die einen Schläger halten konnten, stürmten auf die Plätze, um Turniere zu gewinnen und die Regeln zu lernen. Denn nur wer sich auskannte, durfte ordentlich vor dem Fernseher fachsimpeln, wenn es hieß: „Fifteen – Forty". Oder „Ass".

Als neue Weltspitze im Tennis sollten uns von nun an für mehrere Jahre jede Saison aufs Neue heiße Sommernachmittage vor dem Fernseher hinter vorgezogenen Gardinen blühen. Und immer dieselben Geräusche:
„Plopp ... – Uuuuh! – Plopp ... – Aaaaah! –
Plopp ... – Uuuuuh! – Plopp ... – Aaaaaah!".
Und Applaus.

Die Handpuppe „Quiesel" aus der Schule durfte manchmal mit uns nach Hause gehen.

Nichts für Mädchen: Die Modelleisenbahn.

Helmut Thoma, 1995 Medienmanager und Geschäftsführer von RTL.

Sex sells

Wir waren noch nicht ganz sechs Jahre alt, ziemlich unverdorben und kannten nicht viel außer „Sesamstraße“ und „Sendung mit der Maus“. Das wurde ab 1984 anders: Das Privatfernsehen war geboren. Wer in den folgenden Jahren schulterzuckend bemerkte: „Wir sitzen zu Hause in der ersten Reihe“, meinte damit, dass er außer den drei öffentlich-rechtlichen Sendern nichts anschauen konnte, weil es noch keinen Kabelanschluss, geschweige denn Satellitenempfang im heimischen Wohnzimmer gab. Anfangs war Kabelfernsehen nämlich teuer und nicht sonderlich populär. Allerdings änderte sich das innerhalb weniger Jahre enorm. Am 1. Januar 1984 ging RTLplus auf Sendung. Aus einem Kellerstudio in Ludwigshafen begrüßte um kurz vor zehn Uhr morgens Moderator Jürgen Doetz rund 1500 „verkabelte“ Haushalte mit den Worten: „Meine sehr verehrten Damen und Herren, in diesem Moment sind Sie Zeuge des Starts des ersten privaten Fernsehveranstalters in der Bundesrepublik Deutschland.“ Für PKS, die Programmgesellschaft für Kabel- und Satellitenrundfunk, ging er zum ersten Mal auf Sendung. So fing es also an mit der schönen neuen Fernsehwelt. Wir hatten keine Chance – wir waren fortan eine enorm wichtige Zielgruppe für das neue Supermedium, das sich über Werbung finanzierte. Deshalb sollten wir fleißig Fernsehen gucken – was wir auch taten.

Und wo an den ersten Sendetagen noch kulturell Wertvolles wie „Beethovens Neunte“, „Die Fledermaus“ oder „Schwanensee“ ausgestrahlt wurde, sollten sich bald Werbeblöcke mit Actionserien wie „Knight Rider“ oder damals noch anrüchigen Shows wie „Tutti Frutti“ abwechseln. Die „Einschaltquote“ wurde zum magischen Kriterium für die Auswahl der Sendeinhalte. Und wie das nun mal so ist: Gewalt und Sex sind Quotengaranten. Und wenn sich unsere Eltern auch anfangs noch so sehr dagegen gesträubt hatten, spätestens Anfang der 90er empfingen fast alle Haushalte weit mehr als nur drei Programme. Und der Verrohung unseres kindlichen Gemüts durch „schlimme“ Fernsehsendungen stand nichts mehr im Wege.

Des Kindes alte Kleider

Klamotten waren uns nicht wichtig. Sie wurden ja sowieso dauernd dreckig beim Spielen. Deshalb machte es uns auch nichts aus, wenn wir in merkwürdige Cordhosen gesteckt wurden, in wollene Strumpfhosen, die überhaupt nicht zum Rock passten oder in Anoraks, die unseren älteren Geschwistern nicht mehr passten. Für wichtige Anlässe allerdings wurden wir durchaus herausgeputzt.

Dann gab es entweder das neu gekaufte Sommerkleidchen oder eine süße kleine Jeans mit süßem kleinem Hemd. Auch Selbstgenähtes war durchaus ausgehfähig. Denn unsere Mütter waren in Sachen Handarbeit noch fit. Wenn sie ein neues Schnitt- oder Strickmuster aus der „burda" ausprobieren wollten, dann kamen wir in den Genuss eines neuen Pullovers oder eines neuen Kleidchens. Natürlich lässt sich nicht leugnen, dass die Mode der 80er-Jahre auch an uns nicht spurlos vorüberging.

Es gab alles für uns genauso wie für die Erwachsenen auch – nur eben in Klein. Streifen in allen Variationen, Spitzenkrägelchen an Sweatshirts, bunte Aufdrucke auf allen Kleidungsstücken. Karos und Ballonröcke. Von der obligatorischen Dauerwelle blieben wir noch verschont. In der „burda" gab es immer die berühmten Anleitungen zum Selbernähen von der so genannten „Miss B". Diese „Miss B" erklärte Schritt für Schritt, wie man sich sein neues Outfit problemlos selber nähen konnte. Zum Beispiel eine formschöne „Karottenschnitt-Hose" mit Taschen.

Die alten Hosen vom großen Bruder können ruhig noch aufgetragen werden.

Fröhlich sei's beim ... – Essen

Egal, welchem Verein wir angehörten, wir lernten es fast alle: das „Fröhlich sei's beim ... - Essen-Zeremoniell". Wenn wir es nicht bei einer Kinder-Freizeit von CVJM oder Musik- oder Turnverein lernten, dann eben von anderen Kindern beim Geburtstag oder in der Schule. Und das ging so:

Fröhlich sei's beim Mittagessen/
Abendessen/Kaffeetrinken,
guten Appetit!

Nichts verlebbern, nichts verschütt',
jeder esse was er kann,
nur nicht seinen Nebenmann.
Und wir nehmen's ganz genau:
Auch nicht seine Nebenfrau.
Hat er sie dann doch gegessen:
Zähneputzen nicht vergessen!

Wie die Hunde – nur noch schneller –
stürzen wir uns auf die Teller.
Lieber sich den Bauch verrenken,
als der Küche etwas schenken.
Piep, piep, piep;
wir haben uns so lieb.

Haut rein! Haut rein! Haut rein!

(Danach wurde einmal mit beiden Ellenbogen und einmal mit beiden Fäusten auf den Tisch geschlagen.)

Und wer noch nicht genug hatte, stimmte ein ins Lied:

Eiiiiisgekühlte Coca-Cola, Coca-Cola
eisgekühlt (2x), und dazu ein belegtes
Brot mit Schinken (Schinken!),
ein belegtes Brot mit Ei (Ei!)!
Daaaaas sind zwei belegte Brote:
eins mit Schinken, eins mit Ei und dazu
eiiiiisgekühlte Coca-Cola, Coca-Cola
eisgekühlt ...

Nix wie raus

Zu unserer Verteidigung muss gesagt werden: Klar sind wir 78er ein Jahrgang, der bereits mit allerlei technischem Schnickschnack groß geworden ist. Aber auch wir wussten noch, wie man sich ohne diesen Kram beschäftigen konnte.

Alles musste rosa sein.

Wir gründeten Banden mit den anderen Kindern in unserer Straße oder unserem Wohnhaus. Dann wurde ein Anführer festgelegt, auf dessen Kommando hin wir imaginäre Banken überfielen oder andersherum à la Robin Hood die Bösen beklauten und es den Armen gaben. Manchmal hielten wir es wie Ali Baba und die 40 Räuber, die den ganzen Tag in ihrer Höhle eingesperrt waren.

Baumhäuser und Kinderbanden: Wir waren gerne draußen.

Stundenlang konnten wir voll Begeisterung auf unseren Rollschuhen die Straße hoch- und runterfahren.

Jungs sind doof

In Sachen Spielzeug schieden sich allerdings bald die Geister. Jungs waren schließlich doof, und Mädchen noch viel doofer. Deshalb gab es das Barbie-Lager und die Monster-Fraktion. Während die Mädchen sich mit verstellter Stimme über ihre Puppenwagen und Puppenhäuser hermachten, kämpften die Jungs in jeder Pause mit ihren neuesten Drachen und Dinosauriern, die sie mit dem aktuellen YPS-Heftchen erstanden hatten. Neben Barbie beschäftigten sich die Mädchen vorzugsweise auch mit komischen Plastikpferden, die aus der Reihe

Eine Carrera-Autobahn war der Traum vieler Jungs.

„Regina Regenbogen“ und ihre Freunde waren zu Grundschulzeiten ein Muss.

„Mein kleines Pony“ stammten. Die hießen dann „Planschi“, „Pfefferminzi“ oder „Piri“. Auch heiß begehrt war die Puppenreihe von „Regina Regenbogen“. Da gab es Katrin Kleeblatt und Viola Veilchenscheu, Bubi Blauschuh und Richard Rosenherz.

Interessant waren auch die Micky-Maus-Hefte. Da gab es zum Beispiel Sammelkarten zu allerhand interessanten Dingen aus Natur und Technik, zu Sängern und Schauspielern. Es gab eine Seite mit Witzen, und wenn man einen an die Redaktion schickte, bekam man vielleicht sogar zehn Mark. Und der Witz wurde mit Name abgedruckt. Kleine Streiche waren in der Micky Maus beschrieben. Die wurden selbstredend direkt am nächstbesten Opfer ausprobiert.

Dann waren da noch die kleinen Rennautos, die nahezu in jeder Stunde von den Jungs über die Tische geschubst wurden. Nicht zu vergessen die He-Man- bzw. Masters-of-theuniverse-Figuren, die so klangvolle Namen hatten wie

Fire-Fists, Donnerschlag, Skeletor, Hordak und Battle-Cat. Auch die Carrera-Rennbahn war heilig. Und natürlich die Märklin-Eisenbahn. An einem blauen Steuerungskasten war der rote Geschwindigkeitsregler. Klar konnte es nie schnell genug gehen mit dem Zug. Also drehten wir ihn volle Pulle auf mit dem Ergebnis, dass der Zug entgleiste. Für Jungs ein Grund mehr, es noch einmal zu versuchen. Für Mädchen unendlich langweilig und keinen zweiten Versuch wert. Mit Puppen kann einem so was nicht passieren. Und mit Pferden auch nicht. Warum Mädchen in diesem Alter so auf Pferde abfahren, bleibt rückblickend wohl uns allen schleierhaft. Denn die wenigsten, die regelmäßig das Wendy-Heft vom Taschengeld kauften, hatten tatsächlich Reitunterricht oder etwas mehr Ahnung vom Reiten.

In der Theater-AG bewiesen wir schauspielerisches Talent.

Bist du klein, komm zum Verein

Das Angebot von Kirchen und Vereinen, sich um unsere Freizeitgestaltung zu kümmern, nahmen unsere Eltern nur zu gerne an. Wir wurden nicht nur in der Jungschar und bei den Pfadfindern angemeldet. Die meisten von uns besuchten nach der musikalischen Früherziehung den Posaunenchor der örtlichen Kirchengemeinde, den Musikverein oder wir bekamen Klavier- und Geigenunterricht vom Privatlehrer. Wenn es mit unserem absoluten Gehör zur Enttäuschung der engagierten Eltern nicht so weit her war, wurden wir zum Turnen, Fußball, Tennis oder Schützenverein geschickt. Das war eine gute Sache.

Denn es waren nicht nur die Proben und das Training, was uns zuteil wurde. Je nach Ausrichtung der jeweiligen Gruppe gab es in regelmäßigen Abständen irgendwelche Turniere, Feste, Ausflüge, Freizeiten und Aufführungen. Das Einzige, was in der kleinen Mädchen- und der kleinen Bubenjungschar gleichermaßen angesagt war, waren die so genannten „Geländespiele" – auch bekannt als „Schnitzeljagd" oder „Rallye". Die Jungscharleiter legten sich voll ins Zeug, und kreierten kleine Abenteuer für uns, die wir in Gruppen durchzustehen hatten.

Wer in seiner Freizeit zum Turnen oder zur Leichtathletik ging, hatte auch in der Schule einen kleinen Bonus. Dem waren nämlich bei den Bundesjugendspielen sämtliche Urkunden sicher. Für die Guten gab es die Sieger- und für die richtig Guten die Ehrenurkunden. Und alle waren unterschrieben von Bundespräsident Richard von Weizsäcker höchstpersönlich. Wir fragten uns manchmal, ob er wohl tatsächlich unter jede dieser Urkunden einzeln seine Unterschrift gesetzt hatte. Es war schon ein wenig enttäuschend, als uns erklärt wurde, dass man auch Unterschriften auf Urkunden mittels Kopierer aufs Papier bringen kann.

Traditionsvereine sorgten sich um unsere außerschulische Weiterentwicklung.

Wie ist das mit unserem absoluten Gehör?

Der Super-GAU in Tschernobyl, 1986.

Der Super-Gau

Am 26. April 1986 passiert der sogenannte „Super-Gau". Im Atomkraftwerk Tschernobyl in der sowjetischen Stadt Prypjat kommt es zu einer katastrophalen Kernschmelze und einer Explosion im Kernreaktor Tschernobyl Block 4. Er gilt als eine der größten Umweltkatastrophen der Geschichte. Erst einen Tag später informiert Moskau die Weltöffentlichkeit via Radio. Am 29. April wird der Vorfall erstmals als Katastrophe bezeichnet. Eine Schutzzone von 30 Kilometern rund um den Unglücksort sei eingerichtet worden. Heute weiß man, dass die freigesetzte Strahlung 30- bis 40-mal stärker war als die der Atombombe von Hiroshima.

Zum Zeitpunkt des Unglücks wurde ein Experiment am Reaktor durchgeführt. Es sollte zeigen, ob bei einem möglichen Stromausfall die Leistung der dann langsam auslaufenden Turbine die Zeit bis zum Anlaufen von Notstrom-Dieselgeneratoren überbrücken kann. Um möglichst realitätsnahe Testbedingungen herbeizuführen, wurde das Haupteinlassventil der Turbine geschlossen. Das war fatal. Denn dadurch stieg die Temperatur im Reaktor an, weil die Wärmeabfuhr unterbrochen wurde. Kühlmittel verdampfte. Durch eine Kette von Problemen, die auf eine fehlerhafte Konstruktion des Reaktors zurückgeführt wurden, wurde es immer heißer. Den Verantwortlichen entglitt die Kontrolle. Die Hitze verformte die Kanäle der Regelstäbe und verhinderte damit, dass sie weit genug in den Reaktorkern eindringen konnten. Die Brennelemente rissen und reagierten mit gebundenem Wasser. Durch den entstehenden Wasserstoff bildete sich Knallgas, das sich entzündete und explodierte. Der über tausend Tonnen schwere Deckel des Reaktorkerns hob ab, das Dach des Reaktorgebäudes wurde zerstört. Die Radioaktivität, die durch die Explosionen und den tagelang andauernden Brand freigesetzt wurde, war enorm. Eine radioaktive Wolke trug sie Tausende Kilometer weit um den Erdball, bevor sie der Regen aus der Atmosphäre auswusch. Über 200 000 Quadratkilometer wurden durch den Super-Gau kontaminiert. Über die tatsächlichen Folgen und die Anzahl der Strahlenopfer kann bis heute nur spekuliert werden.

1988-1991

Aus **Kindern** werden **Leute**

Wir wären dann so weit …

Wahnsinn!

Es war der Abend des 9. November 1989. Wir waren gerade mal elf Jahre alt. Da wurden wir plötzlich vor den Fernseher gezerrt und sahen unsere Eltern stehen – mit Tränen in den Augen oder einfach nur zu Stein erstarrt. „Guck da hin! Du verstehst das zwar noch nicht so richtig, aber das musst du sehen!“ Ja, wir guckten hin und sahen ganz viele Leute in Adidas-Turnschuhen, mit Bier und Sektflaschen in der Hand, die auf einer großen Mauer herumsprangen und durch die dunklen Straßen rannten.

Chronik

28. August 1988
Auf der Airbase „Ramstein“ in Rheinland-Pfalz sterben 70 Menschen, 345 werden verletzt. Bei einer Flugschau war eine Solo-Macchino der italienischen Kunstflugstaffel „Frecce Tricolori“ mit zwei kreuzenden Jets kollidiert, in die Zuschauermenge gestürzt und explodiert.

21. Dezember 1988
Über Lockerbie in Schottland explodiert an Bord einer Boeing 747 eine Bombe. Beim Absturz kommen alle 259 Insassen und 11 Einwohner von Lockerbie ums Leben. Erst sechs Jahre später bekennt sich Libyen zu diesem Terroranschlag und zahlt 2,7 Milliarden Dollar an die Hinterbliebenen.

23. Mai 1989
Richard von Weizsäcker wird erneut zum Bundespräsidenten gewählt.

9. November 1989
Fall der Mauer zwischen Ost- und Westdeutschland.

17. Dezember 1989
Die erste Folge der Zeichentrickserie „The Simpsons“ wird in den USA gesendet.

14. März 1990
Michail Gorbatschow wird zum Präsidenten der Sowjetunion gewählt.

25. April 1990
Bei einem Attentat durch eine 42-jährige Frau während eines Wahlkampfauftrittes wird Oskar Lafontaine mit einem Messer schwer verletzt.

13. Juni 1990
Der endgültige Abriss der Berliner Mauer beginnt.

12. Oktober 1990
Bundesinnenminister Wolfgang Schäuble wird durch ein Attentat mit einer Schusswaffe schwer verletzt.

12. Juni 1991
Boris Jelzin wird erster vom Volk gewählter Präsident Russlands.

20. Juni 1991
Der Bundestag beschließt seinen Umzug von Bonn nach Berlin.

Alle grölten und schwenkten Deutschlandfahnen und irgendwie wirkte das, als hätten wir ein Fußballspiel gewonnen. „Das“ – so erklärten uns die Erwachsenen voll Pathos – „ist ein historisches Ereignis. Davon spricht gerade die ganze Welt!“ Als man uns erklärte, dass es diese große Mauer in Berlin bestimmt bald gar nicht mehr geben würde, waren wir dann irgendwie auch beeindruckt. Wenn wir auch nicht so recht wussten, wie bedeutend diese Leute auf dieser angemalten Mauer für die Weltgeschichte waren. Aber weil unsere Eltern so ergriffen schienen und das für uns bedeutete, dass es wohl tatsächlich enorm wichtig sein musste, waren wir auch ganz stumm und guckten mit großen Augen diese aufgedrehte Menschenmenge an.

Auch die nächsten Tage hörten wir nur „Psssst! Ich will das sehen“ von unseren Vätern, die wie gebannt jede Nachrichtensendung verfolgten. Und so wir denn die imaginäre Verwandtschaft im Osten hatten, die wir bis dato noch nie zu Gesicht bekommen hatten, klingelte laufend das Telefon, und unsere Eltern schrien „Wahnsinn!“ in den Hörer. Und noch mal: „Wahnsinn!“ Und weil’s so schön war noch mal: „Wahnsinn!“ In der Schule wurde von nichts anderem gesprochen. Nach und nach verstanden wir, warum jetzt alle so aufgeregt waren, und fanden es irgendwie ebenfalls „Wahnsinn!“

Niedlich war gestern

Was den Wahnsinn anging, so stellte sich dieser für uns etwas anders dar. Hauptschule, Realschule, Gymnasium – das schenkte sich in puncto Erwachsenwerden absolut nichts. Wo gerade noch Weben und Stricken und Bildermalen angesagt war, da sollten wir auf einmal auf dem gleichen Pausenhof herumlaufen, wie die rauchenden und gelangweilten Achtklässler, die schon Mofa fuhren und in der Pause herumknutschten. Auf den Schulklos roch es nach Qualm, die Lehrer redeten mit den älteren Schülern, als wären es auch Erwachsene. Nur mit uns redete niemand so. Das sollte sich allerdings schnell ändern. Denn als „Teenie" waren bald andere Dinge von schwerwiegenderer Bedeutung als Grammatik oder Erdkunde. Unsere Eltern fanden das nicht besonders reizvoll. Hatte das liebe Töchterlein doch eben noch so lieb mit der Barbie gespielt, der liebe Sohn noch so ein schönes Baumhaus gebaut – damit war jetzt Schluss.

Weiterführende Schule war aufregend. So viele neue Mitschüler!

„In jemanden sein"

Wenn auf einmal trotz sprießender Pickel Jungs nicht mehr doof und andersherum Mädchen nicht mehr blöd sind, dann hat man das erste Mal ein echtes Problem: Wie sag ich's ihm oder ihr? Am besten ging das noch immer über Zettelchen während des Unterrichts oder über Freundinnen und Freunde.

Noch waren keine Jungs zum Geburtstag eingeladen.
Das änderte sich allerdings schnell.

Da machten dann Briefchen die Runde, in denen standen so aussagekräftige Sätze wie: „Miriam + Peter = Love". Offen darüber gesprochen wurde nicht. Das Wort „verliebt" wurde strengstens vermieden. Da wurde nicht gesagt „Ich bin in XY verliebt", sondern „Ich bin in XY". So war dann also Peter in Miriam, Miriam in Jens, Jens in Katja und die wiederum in Andreas. Manchmal hatten zwei Glück, und waren gleichzeitig „ineinander". Das dauerte dann meistens nicht länger als ein paar Wochen, in denen sich peinliches Händchenhalten und nachmittägliche Kino- und Eiscafébesuche abwechselten. Dann wurde die „Beziehung" oft durch unglückliche Umstände beendet. Entweder war der eine dann nicht mehr in die andere, oder man hatte sich nach langen drei Wochen „auseinandergelebt". Für manche ging die Welt unter, wenn der beste Freund des Geliebten in der großen Pause vorbeikam, um mitzuteilen: „Er macht Schluss! Tschüss dann", und weiter ungerührt an seinem Pausenbrot kaute. Für die anderen war es nicht so dramatisch, weil sie sich ohnehin schon das nächste Objekt der Begierde ausgeguckt hatten.

Aus zwei mach eins

Das wichtigste politische Ereignis während unserer Jugendzeit war die Wiedervereinigung Deutschlands. Es war tatsächlich dramatisch, was sich da über einen Zeitraum von 18 Monaten ereignete. Über die Nachrichten und unsere Eltern bekamen wir mit: Es brodelt im Karton. Im Fernsehen war von Massendemonstrationen die Rede, Tausende Menschen gingen in der DDR bei den sogenannten Montagsdemonstrationen auf die Straße. Als 1989 die Mauer fiel, waren Millionen Deutsche außer sich vor Freude. Die politische Wiedervereinigung war nicht mehr aufzuhalten. Wie war es dazu gekommen?

Am 2. Mai 1989 beginnt Ungarn mit der Lockerung seiner Grenzsperren nach Österreich. Die sowjetische Politik – Stichwort Perestroika und Glasnost –, die von Staatsführer Michail Gorbatschow ausging, hatte in Ungarn politische Veränderungen möglich gemacht. Das führte dazu, dass Ungarn den bestehenden Friedensvertrag mit der DDR außer Kraft setzte. Die Grenze zwischen Ungarn und Österreich wird daraufhin am 11. September 1989 für alle DDR-Flüchtlinge geöffnet. Die Folge: Eine Massenflucht. Die DDR-Führung muss einlenken. Aus den inzwischen von protestierenden DDR-Bürgern besetzten Botschaften in Prag und Warschau dürfen noch im September 1989 rund 15 000 Flüchtlinge in den Westen ausreisen.

Ab Oktober setzen die Massenproteste der DDR-Bürger ein. Bei der Montagsdemonstration in Leipzig gehen 20 000 Menschen auf die Straße. Eine Woche später, am 9. Oktober, sind es bereits 70 000. Damit ist die „Wende" eingeleitet. Erich Honecker tritt als Staatsratsvorsitzender der DDR und Generalsekretär der SED am 18. Oktober 1989 zurück. Sein Nachfolger wird Egon Krenz.

Bei folgenden Demonstrationen in Dresden gehen 100 000 Menschen auf die Straße, in Ost-Berlin finden sich am 4. November 500 000 Demonstranten ein. Am 7. November protestieren in Dresden erneut 70 000 Menschen. Daraufhin tritt die DDR-Regierung unter Willi Stoph zurück. Man sieht keinen anderen Ausweg

Trabis bis zum Horizont! 1989 strömten die Menschen aus der DDR in den Westen.

mehr, als die Grenze zu öffnen. Am 9. November schließlich hebt die DDR alle Reisebeschränkungen auf. Dieser Tag geht als „Mauerfall" in die Geschichte ein. Der Weg in den Westen ist frei. Millionen DDR-Bürger besuchen in den folgenden Wochen West-Berlin und die Bundesrepublik. Bundeskanzler Helmut Kohl legt am 28. November einen 10-Punkte-Plan vor mit dem Ziel, die politische Wiedervereinigung binnen höchstens zehn Jahren zu vollziehen. Bald wird klar: Es soll keine 12 Monate mehr dauern. Die Eckdaten für die Vereinigung, vor allem Wirtschafts-, Währungs- und Sozialunion, werden in einem Staatsvertrag umrissen, der am 1. Juli 1990 in Kraft tritt. Nach heftigen Auseinandersetzungen stimmt der Bundestag am 20. September 1990 zu. Am 3. Oktober 1990 ist Deutschland wiedervereinigt und dieser Tag wird zum Nationalfeiertag erklärt.

Cliquenwirtschaft

Mit der Zeit kristallisierten sich mehrere Cliquen heraus. Man lud sich gegenseitig zu Partys ein. In regelmäßigen Abständen trafen wir uns in muffigen, abgedunkelten Partykellern, und wenn eine Mutter die Tür aufmachte, um Kuchen- oder Cola-Nachschub zu bringen, wurde sie nur grimmig angeguckt. Entweder man tanzte eng umschlungen zu Kuschelrock 3, trat dabei eigentlich nur von einem Bein aufs andere und zwinkerte über die Schulter des Tanzpartners hinweg dem besten Freund oder der besten Freundin vielsagend zu. Das war besonders für Mädchen nicht schwer. Denn oft waren die Jungs noch einen halben Kopf kleiner als die gleichaltrigen Tanzpartnerinnen – und kamen sich ein bisschen doof dabei vor. Oder es gab Gelegenheit bei den berüchtigten Spielen „Flaschendrehen" oder „Wahrheit oder Pflicht". Gerade letzteres Spiel erwies sich oft als willkommene Verkupplungsgelegenheit. Bei Wahrheit wurde meistens gefragt: „In wen bist du?" Bei Pflicht konnte ein eingeweihter Mitspieler veranlassen, dass man denjenigen, den man gerade heimlich anschmachtete, endlich mal richtig küssen durfte.

Wir schnitten uns die Haare kurz, und der „Igel-Look" machte auch vor den Mädchen nicht Halt. Denn inzwischen hatten wir doch ein kleines bisschen Modebewusstsein entwickelt, und was in der BRAVO als trendy gepriesen wurde, war für erfolgreiches „Flirten" Grundvoraussetzung.

Zicke-zacke hoch das Bein!

Wissen ist Macht …

… und nichts wissen macht auch nichts. Weil wir uns alle natürlich mittels der begehrten Zeitschrift BRAVO eifrig über das aktuelle Tagesgeschehen informierten, wussten wir: Es ist nicht cool, wenn Wale getötet werden. Es ist nicht cool, wenn Robben gejagt werden. Es ist nicht cool, wenn der Regenwald abgeholzt wird. Cool dagegen ist, wenn man das alles weiß und eifrig dagegen wettert. Im Überschwang, ausgelöst durch die Erkenntnis, dass „politisches Wissen“ ziemlich hip sein konnte, machten wir uns daran, zu allem etwas zu sagen. So war es für uns ein gefundenes Fressen, als der Irak am 2. August 1990 in Kuwait einmarschierte. Wir waren dagegen. Warum, wussten wir nicht. Allerdings kursierte das Wort „Krieg“ in aller Munde, und so mancher Haushalt tätigte regelrechte Hamstereinkäufe. Das war ziemlich unheimlich. Denn wir wussten nicht so recht, wie das alles einzuschätzen war. Also schmierten wir „Peace“ und „No war“ und „Kein Krieg am Golf“ in Schulhefte und auf die Wände der Schultoiletten. Denn man musste schließlich etwas zu diesen wichtigen Ereignissen zu sagen haben.

Natürlich lasen wir BRAVO.
Damals kostete sie gerade mal zwei Mark.

Geil!

Als wir irgendwann nach Hause kamen, und Mama mit den Worten lobten: „Das Mittagessen hat voll geil geschmeckt“, blieb unseren Müttern der Rest von Gulasch oder der Roulade vor Bestürzung im Halse stecken. „Was hast du da gerade gesagt? Geil?!“ Ja, wir fanden so ziemlich alles geil. Geil war das neue Modewort, für das unsere Eltern anfangs nicht das geringste Verständnis aufbrachten. Zu Hause war ab sofort „geil-freie Zone“, und manche Mutter war mutig genug, uns die ursprüngliche Wortbedeutung von „geil" zu erklären. Die meisten taten das allerdings nicht, und darum konnten wir überhaupt nicht verstehen, was an diesem Wort so unendlich schlimm sein sollte. Damit war es dann auch endgültig besiegelt: Eltern sind uncool. Da waren wir ungefähr 12 oder 13 Jahre alt.

Musikalisch gesehen war das „geil", was die Allgemeinheit für gut befand. Es gab noch nicht die Unterscheidung zwischen generell „Rocker", „Popper", „Punker" oder Ähnlichem. Wir waren noch nicht so sehr festgelegt, deshalb konnten sich sogar die Jungs für Bands begeistern, deren Zielgruppe eigentlich die weiblichen Fans waren. Die „New Kids on the Block" sorgten für hysterisches Kreischen bei ihren Konzerten, wir opferten unser Taschengeld für Staralben, schnitten jeden noch so kleinen Fitzel aus der BRAVO oder der Fernsehzeitung aus, wenn nur einer der Jungs aus Boston sein Gesicht in eine Kamera gehalten hatte. Jordan, Jon, Joey, Michael und Donnie waren „sooooo süüüüüß"! Songs wie „Step by Step, uuuuh baby ..." konnten alle auswendig, und wer nicht sämtliche Namen der fünf begehrten Bandmitglieder aus dem Stand aufsagen konnte, galt als ziemlich hinterwäldlerisch und uncool.

Wem Deutsch lieber war, der konnte selbstverständlich alle Texte der „Ersten Allgemeinen Verunsicherung" mitsingen. „Ba-Ba-Banküberfall" war irgendwie Ehrensache. Denn schließlich war diese österreichische Erfolgsband in unserem Geburtsjahr gegründet worden.

Die Jungs, die sich schon früh etwas männlicher und härter zu geben wussten, waren die „Metaler". „Nothing else matters" von Metallica lief auf nahezu jeder Party, und „Guns'n Roses", „Pearl Jam" und „Bon Jovi" entwickelten sich nach und nach zu einer ernst zu nehmenden Konkurrenz zu anderen Stars wie Sandra („Hiroshima") und David Hasselhoff (der bei den Spöttern gerne „David Hässlichdoof" genannt wurde).

Sächsische Brathühner

Während der sechsten und der siebten Klasse bekamen wir laufend neue Mitschüler. Und zwar die, deren Eltern mit der Wende aus dem Osten in den Westen „rübergemacht" hatten. Das fanden wir extrem spannend. Denn diese neuen Mitschüler hatten so einiges erlebt, von dem wir nicht mal träumen

Mädchen wie auch Jungs fuhren voll auf sie ab, die Boyband „New Kids on the Block“.

Gib fünf! Die Clique unterwegs beim „Irgendwo-Abhängen“.

konnten. Wir quetschten sie aus bis aufs Mark: „Durftet ihr wirklich nirgendwo hinreisen? Hattet ihr wirklich kein Auto? Nicht mal ein Telefon? Und ist es echt wahr, dass man bei euch keine Bananen kaufen konnte?“

Fragen über Fragen brachen da über die armen Neuen herein – und wir lauschten entweder mit offenen Mündern oder amüsierten uns königlich über den ostdeutschen Dialekt – wobei für uns freilich alles einfach Sächsisch war. Bald konnten wir einigermaßen „Ostdeutsch“ sprechen, und unsere Mitschüler

„von drüben" winkten nur müde ab, weil wir uns bei der Übersetzung (Westdeutsch nach Ostdeutsch) von Sätzen wie „Schau mal Mutti, da liegt ein Brathuhn auf der Straße" echt schwer taten. Woher sollten wir auch wissen, dass „Brathuhn" auf Ostdeutsch „Broiler" heißt?

Deutschlands neuer Kaiser

Deutschland ist Fußballweltmeister! Die deutsche Elf schießt sich am 8. Juli 1990 in Rom durch Andreas Brehme fünf Minuten vor dem Schlusspfiff mit einem verwandelten Elfmeter im Spiel gegen Argentinien an die Weltspitze. Bundestrainer Franz Beckenbauer wird zum „Kaiser" erklärt. Die Nation ist aus dem Häuschen. Wir waren erst 12 Jahre alt. Aber eines lernten wir an jenem Julitag: Es gibt nichts Spannenderes als Fußball. Und nichts Genialeres, als zu gewinnen.

Nachdem die Nationalmannschaft Jugoslawien mit 4:1 besiegt hatte, folgte ein 5:1-Erfolg gegen die Emirate. Schon da waren wir kräftig dabei, die Daumen zu drücken. Gegen die Kolumbianer dann ein mühsames 1:1, was unserer fachmännischen Sicht nach aber keineswegs ein Zeichen für verfrühtes Ausscheiden bedeuten musste. Wir schrien mit unseren Papas zusammen empört auf, als im Achtelfinale gegen Holland Rudi Völler von Frank Rijkaard eine dicke Ladung Spucke ins Genick bekam. Immer und immer wieder mussten wir in Zeitlupe mit ansehen, wie unsere „Tante Käthe" von dem Holländer angesabbert wurde. Trotzdem gelang den Deutschen ein Sieg mit 2:1. Auch die CSFR wurde von unserer Elf mit 1:0 auf die Plätze verwiesen, und schließlich brachte Torwart Bodo Illgner durch seinen enormen Einsatz die Mannschaft beim Elfmeterschießen gegen England dem möglichen Titel einen entscheidenden Schritt näher. Diese Spannung war von nichts zu überbieten und der Sieg über die Briten mit 5:4 machte die Deutschen zu überglücklichen Finalisten. Nach dem 1:0 Sieg gegen Argentinien stand die Bundesrepublik Kopf. Autokorsos, Hupkonzerte und Deutschlandflaggen bestimmten das Straßenbild. Und „We are the Champions" von Queen wurde nicht ohne Grund der Hit des Jahres.

Love and Music

Bumm, bumm, bumm! Was sind das denn für Verrückte? So fragten sich unsere Eltern anlässlich des Aufmarsches der bunten und unüberhörbaren Völkerwanderung in den Straßen von Berlin. Die erste „Loveparade“ stampfte am 1. Juli 1989 durch die Hauptstadt – die zum damaligen Zeitpunkt noch gar nicht Hauptstadt war. Initiiert von Matthias Roeingh alias „Dr. Motte“, versammelten sich zum ersten Aufmarsch der musikverrückten jungen Leute gerade mal 150 wackere Menschen, die Liebe, Spaß und Musik für alle propagierten. Aber wie jeder mal klein anfängt, so mauserte sich die „Loveparade“ binnen weniger Jahre zum jährlichen Kultevent mit garantierter Liveübertragung im Fernsehen. Schillernd, bunt, laut und vor allem friedlich sollte die Parade sein. Bekannte DJs heizten mit riesigen Boxen dem angereisten Publikum ordentlich ein. Kleidungstechnisch war so gut wie alles erlaubt. Mit den Jahren fielen immer mehr Schranken und 1999 zählte die Loveparade ca. 1,5 Millionen Besucher.

Menschen, Menschen und nochmals Menschen.
Das Massenspektakel Loveparade.

1992-1996

Der Countdown läuft

So brav gaben wir uns nur fürs Foto.

Sprechen für Anfänger

„Ey, krass, Mann. Voll fett, Alter!“ Gerade in Sachen Muttersprache waren wir mit 15 Jahren schon so etwas wie kleine Genies. Wir schafften es tatsächlich, nahezu jedem Satz ein passendes „ey“ oder „krass“ zuzuordnen. Die entsprechende Betonung

Chronik

7. Februar 1992
In Maastricht wird der Vertrag über die Europäische Union von den Mitgliedstaaten unterzeichnet.

10.– 26. Juni 1992
Fußballeuropameisterschaft. Deutschland verliert im Halbfinale gegen Dänemark mit 0:2.

3. November 1992
Bill Clinton wird zum US-amerikanischen Präsidenten gewählt.

26. Februar 1993
Sechs Menschen werden bei einem Bombenanschlag auf das World Trade Center in New York getötet und über 1000 verletzt.

30. April 1993
Die Tennisspielerin Monica Seles wird bei einem Attentat mit einem Messer schwer verletzt.

1. Juli 1993
In Deutschland werden fünfstellige Postleitzahlen eingeführt.

5. April 1994
Der Sänger der Grungeband „Nirvana“, Kurt D. Cobain, stirbt durch einen Kopfschuss in seinem Haus in Seattle.

25. März 1995
Jan Philipp Reemtsma wird für 32 Tage entführt.

26. März 1995
Das Schengener Abkommen tritt in Kraft.

5. Juli 1995
Das erste geklonte Säugetier der Welt, ein Schaf mit Namen „Dolly“, wird geboren.

22. Februar 1996
Der Immobilien-Spekulant Jürgen Schneider wird von den USA an Deutschland ausgeliefert.

30. Juni 1996
Mit dem ersten Golden Goal in der Geschichte des Fußballs macht Oliver Bierhoff Deutschland zum Fußball-Europameister.

1. November 1996
Das neue Ladenschlussgesetz tritt in Kraft. Ab sofort dürfen in Deutschland die Geschäfte bis 20 Uhr geöffnet bleiben.

wichtiger Satzteile schafften wir durch Beifügung von wahlweise „fett“ oder „voll“. Der Superlativ lautete dann – frei nach dem Regelwerk unserer Jugendsprache: „Voll fett krass, ey!“ Mit diesem Superlativ konnte man so ziemlich alles bezeichnen. Eine gute CD oder ein aufgemotztes Mofa zum Beispiel. Man konnte diese Redewendung aber auch einfach nur dazu gebrauchen, sein Interesse für irgendetwas zu bekunden, was einem gerade erzählt wurde.

Ähnlich interessant war auch unsere sprachliche Umsetzung, wenn es um die mündliche Wiedergabe eines Gespräches ging. Wenn uns zum Beispiel unser bester Freund berichtete, wie er sich mit seinem Schwarm zu einem Date verabredet hatte. Das hörte sich dann etwa so an: „Ey, und ich sag so: ‚Da können wir doch zusammen hingehen.‘ Und sie so: ‚Ey, klar, das machen wir.‘ Und ich so: ‚Gut, dann hol ich dich ab.‘ Und sie so: ‚Klar. Wann?‘ Und ich so: ‚Um halb acht.‘ Und sie so, lächelt voll so, ey, das glaubst du nicht, Mann. Und sie so: ‚O.K., bis dann.‘ Ey, und ich denk so: ‚Puh. Geschafft.‘“ Der, dem dieser Dialog so geschildert wurde, konnte das Ganze nun in bereits erwähnter Weise voll Ehrfurcht kommentieren: „Ey, Mann Alter, voll fett krass, ey!“

Unsere Eltern schüttelten nur den Kopf, wenn wir zwei Stunden oder länger am Stück in dieser Weise unsere superwichtigen Telefonate führten.

Und wenn sie fragten: „Und, was habt ihr Wichtiges besprochen?“, zuckten wir gelangweilt mit den Schultern und sagten: „Och, nix.“

Klar ging es unsere Eltern nichts an, dass unsere Freundin gerade ihren Freund verlassen hatte, oder dass das neue Mofa von unserem Kumpel jetzt auf illegale Weise getunt worden war. Es ging sie nichts an, bei wem die nächste Party stattfinden würde und wer da alles kommen sollte. Es ging sie nichts an, dass wir morgen eine Klausur schreiben würden, und keinen Piep dafür gelernt hatten. Eltern hatten ja keine Ahnung. Unvorstellbar, dass sie auch einmal jung gewesen waren. Nein, sie verstanden nichts von unserer Musik und wussten nicht, wie schlimm es war, wenn eine Party ohne uns stattfand. Sie hatten keinen Schimmer von unserer Mode und wollten einfach nicht verstehen, dass wir uns mit 15 schon so fühlten, als wären wir bereits 21.

„Ey, voll fett, das Gruppenbild!“

„www“ und „.de“

1993 fing es an. Das mit den Browsern und Servern, dem Hypertext und den Links. Zumindest für die breite Masse. Wer, außer ein paar Verrückten, hatte sich bis dahin schon ernsthaft so intensiv in seiner Freizeit mit Computern beschäftigt? Mit dem ersten grafikfähigen Webbroser „Mosaic“, der im Internet zum kostenlosen Download angeboten wurde, begann der rasante Aufstieg. 1994 folgten weitere einfach zu bedienende Navigationssysteme. Ab sofort konnten auch blutige Computer-Laien auf das Netz zugreifen – was übrigens schon seit Jahren existierte. Ursprünglich war das Internet zur Vernetzung von Universitäten in den USA weiterentwickelt worden, nachdem zuvor das Militär für seine Zwecke die Idee der Computervernetzung überhaupt erst angestoßen hatte.

Durch die wachsende Zahl der Nutzer, die nun mithilfe von „Mosaic“ im Netz surfen konnten, kam es zu einem raschen Anstieg kommerzieller Angebote im Internet, was wiederum neue Nutzerkreise magisch anzog. Neue Techniken wurden entwickelt, das WWW wurde zum regelrechten Marktplatz. Wir hatten 1994 meistens noch keine eigene E-Mailadresse. Viele von uns hatten – abgesehen von Computerspielen – bisher höchstens in der Schule mit Textverarbeitung und einfachen Programmiertechniken zu tun gehabt.

Erst als der Trend sich durchsetzte, dass man ohne E-Mailadresse als völlig rückständig galt und es auch aus beruflichen Gründen nicht mehr zu vermeiden war, legten sich auch die Letzten eine „Addy“ zu. Die elektronische Post begann, das Schreiben von Postkarten oder Briefen zu ersetzen. Schade – wer druckt schon all seine E-Mails aus?

Der Rechtschreibkultur dürfte die Erfindung der E-Mail auch geschadet haben. Denn wozu noch auf Groß- und Kleinschreibung oder Kommasetzung achten?

Zum ersten Mal allein in die Ferien

Deshalb war es auch nicht mehr angesagt, mit den „Ollen“ in Urlaub zu fahren. Stinklangweilig – alte Gebäude anzugucken und endlos öde Spaziergänge und Wanderungen zu unternehmen. Wir wollten allein losziehen. Und so machten wir uns auf, mit einer Jugendreisegruppe oder mit ein paar Freunden. Zum ersten Mal allein in die Ferien! Um was ging es uns dabei? Sicher nicht um Kunst, Kultur und Landschaft. Es ging uns ums Unterunssein. Wir wollten die Nächte durchmachen, nackt im Meer baden, stundenlang durch Geschäfte bummeln, kiloweise Eis essen und schon tagsüber Sekt oder Bier trinken.

Im Urlaub ging es uns ums „Unterunssein“.

Ein Tretboot in Seenot!

Wir wollten Spaghetti kochen und Kissenschlachten machen, wir wollten per Anhalter durch die Gegend fahren und nicht wissen, wo wir die nächste Nacht schlafen würden. Wir wollten Musik hören, die uns gefiel. Wir wollten stundenlang faul in der Sonne liegen und neue Leute kennenlernen. So fuhren wir nach Spanien, an die Nordsee oder ins Allgäu, mieteten uns in Jugendherbergen ein oder belagerten Campingplätze und waren so glücklich über diese erste Freiheit, die uns dem Erwachsenwerden wieder ein Stück näher brachte.

Das Massaker von Srebrenica

Am 11. Juli 1995 ereignete sich das schlimmste Massaker in Europa seit Ende des Zweiten Weltkrieges. Vor dem Hintergrund der seit Jahren andauernden Balkan-Kriege nehmen unter dem Kommando von General Ratko Mladic bosnisch-serbische Truppen die Stadt Srebrenica ein und töten nach Schätzungen des Internationalen Strafgerichtshofes für das ehemalige Jugoslawien rund 8000 Männer. 30 000 Menschen werden vertrieben. Bislang wurde nicht offiziell abschließend geklärt, ob es sich um eine befohlene Ermordung der Einwohner oder um gewalttätige Exzesse der einzelnen Soldaten handelte. Massengräber wurden gefunden, zahlreiche Zivilisten zählten zu den Opfern.

Am 6. Mai 1993 hatte der UN-Sicherheitsrat mit einer Resolution mehrere Städte – darunter auch Srebrenica – zu Sicherheitszonen erklärt. Es wurde hervorgehoben, dass humanitäre Hilfe und Schutz im Notfall auch mit Gewalt gewährleistet werde. Als es zum Einmarsch der bosnisch-serbischen Truppen kam, beschützten die derzeit in der Schutzzone stationierten niederländischen Blauhelmsoldaten unter dem Kommando eines französischen Generals die Bewohner entgegen der Resolutionsversicherung aber nicht, sondern ließen sich ohne Gegenwehr Waffen und Fahrzeuge von den Angreifern abnehmen. Nachdem der niederländische Verteidigungsminister 1994 die Verantwortung für das Nicht-Verhindern des Massakers noch herunterspielen will, tritt die niederländische Regierung unter Wim Kok schließlich am 16. April 2002 nach genauester Untersuchung dieser Ereignisse wegen des Verhaltens der niederländischen UN-Soldaten im Fall Srebrenica zurück. Erst 2004 räumen Vertreter der Republika Srpska Verantwortung an dem Massaker offiziell ein.

Schlabberlook und Markenjeans

Es konnte nicht amerikanisch genug sein. Die Jungs trugen Latzhosen, ließen einen Knopf am Hosenträger absichtlich offen oder hatten die Hose von vornherein „linksherum" an, sodass die Taschenbeutel außen an den Schenkeln herunterhingen. Sogar viele Mädchen bevorzugten den „Schlabberlook". Die No-Name-Pullover konnten nicht weit und die Hosen nicht durchlöchert genug sein. Neue Schuhe – vorzugsweise amerikanische „Chucks" oder britische „Dockers" – wurden direkt nach dem Kauf an Treppenstufen oder Bordsteinkanten so zugerichtet, dass sie vom ersten Tag an alt aussahen. Karierte Holzfällerhemden in allen Farbvariationen gehörten zum Coolsein

Kein Mädchenhandgelenk ohne das obligatorische Lederarmband.

ebenso dazu wie meterlange Lederarmbänder, die man in Orientshops oder auf den Weihnachtsmärkten kaufen konnte. Es war daher nahezu unmöglich, sich das Handgelenk zu brechen. Denn die Lederarmbänder waren so exzessiv und dick drum herumgewickelt wie ein Gipsverband. Ebenso aus Leder waren die Bänder, an denen allerhand Modeschmuck an uns herunterbaumelte.

Um den Hals musste das Lederband mit dem Peace-Zeichen oder einem Mercedesstern hängen, in Ausnahmefällen die Initialen der aktuellen Freundin oder des momentanen Freundes. Die Jungs bevorzugten T-Shirts mit den Aufdrucken von irgendwelchen Bands. Bad Religion, Guns'n Roses, Nirvana oder Metallica waren besonders beliebt. Hauptsache schön schwarz. Andere ließen sich nach und nach zum exzessiven Markenbewusstsein hinreißen und trumpften mit Chiemsee oder Hilfiger-Sweatshirts, Levi's-Hosen und Nike-Turnschuhen. Baseballmützen waren Pflicht. Und immer wieder mahnte die Lehrerin: „Nimm sofort diese Kappe vom Kopf!“ Denn unter dem Schild hindurch konnte man prima bei Klassenarbeiten schummeln.

School's out forever

Für viele von uns ging es inzwischen raschen Schrittes auf die Abschlussprüfungen von Haupt- oder Realschule zu. Und das war kein Zuckerschlecken. Englisch, Mathe, Geschichte. Es wurde gepaukt. Und immer wieder der drohende Zeigefinger der Lehrer: „Bald sind Prüfungen!“

Irgendwann bekamen sogar die faulsten Klassenkasper das große Muffensausen. Und dann hieß es: „Boa ey, ich hab voll keine Zeit ey, muss krass lernen, Alter.“

Eigenwillige Vorstellung von Mode:
Die Klamotten mussten kaputt und die
Handgelenke umwickelt sein.

In der neunten und zehnten Klasse ging es für fast alle noch einmal auf Klassenfahrt. Berlin, Toskana, Prag und Budapest waren begehrte Ziele. Auch Paris oder London stand für einige auf dem Programm. Da konnte man es noch mal so richtig krachen lassen, bevor es in Sachen Schulabschluss oder auch Oberstufe Gymnasium richtig ernst wurde.

Dann begann die Qual der Wahl. Was um Himmels willen will ich nur werden? Wir schleppten uns zur Berufsberatung, studierten Berufswahl-Magazine, die uns in der Schule ausgehändigt worden waren, schrieben Bewerbungen für diesen oder jenen Job und wussten oft noch nicht so genau, ob es nun der Elektriker oder der Bankangestellte werden sollte. Schließlich fing für viele nach erfolgreicher Bewerbung der Arbeitsalltag an, und schnell wurde klar: Schule hatte doch irgendwie was. Zwar war das eigene Monatsgehalt eine Entschädigung fürs frühe Aufstehen und die stundenlange Schufterei, aber bald mussten sich die Gymnasiasten anhören, wie schön sie es doch hätten, dass sie noch nicht arbeiten müssten, denn das sei doch sehr anstrengend. Die Gymnasiasten wiederum stöhnten, dass die Schule immer schwerer werde und es doch langsam genug sein müsste mit der ewigen Lernerei.

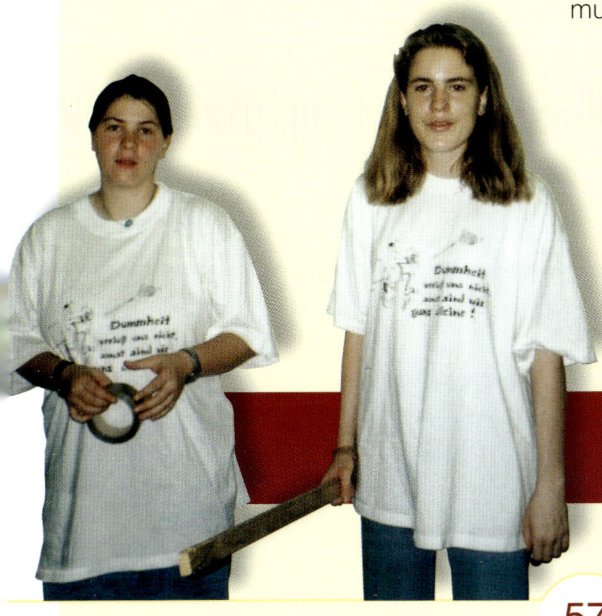

Die Spezial-Shirts vom Schulabschluss
haben wir heute noch im Kleiderschrank.

„Cool-Tour“ in Italien

Von zu Hause ausziehen war ohne eigenes Geld noch nicht möglich, und die Vorstellung, nach bestandenem Abitur fürs Studium endlich in eine andere Stadt gehen zu können, war mehr als verlockend.

So begannen sich nach und nach die Wege zu trennen. Denn man hatte nicht mehr dauernd Zeit, konnte sich nicht ständig freinehmen. Andere Freunde kamen, die in der gleichen Firma arbeiteten oder in die gleiche Klasse der Oberstufe gingen. Man redete über andere Themen. Die einen philosophierten stundenlang darüber, was man alles studieren könnte, die anderen fachsimpelten mit ihrem neuen Praxiswissen über Zinsen, Stromkreisläufe oder das richtige Motorenöl.

In einem aber unterschieden wir uns nicht: Wir waren alle der magischen 18 verdammt nah. Und deshalb gierten wir danach, endlich den Führerschein zu machen und schon mal sämtliche Diskotheken zu eruieren, in denen ordentlich die Post abging. Viele Mädchen schafften es, schon mit 16 oder 17 in einschlägigen Klubs Einlass zu bekommen.

Alles, was man brauchte, war ein älterer Freund und extra viel Make-up. Rückblickend muss bemerkt werden, dass dies wohl die einzige Phase in einem Frauenleben ist, in der es durchaus gewünscht wird, älter geschätzt zu werden, als man wirklich ist.

Büro ist anders als Schulbank. Mit dem PC mussten wir uns spätestens zum Berufseinstieg auseinander setzen.

Rave, Techno, Dancefloor

Da soll noch einer hinterherkommen. Was zum Geier ist der Unterschied zwischen Techno und Rave? Und zwischen Dancefloor und Hip-Hop? Manchmal wussten wir selbst nicht so genau, wie man das den Eltern erklären sollte. Für die war all unsere Musik nämlich vor allem laut und ohne jede Melodie. Synthetisch. Kein Gesang, nur wummernde Bässe, die einem die Schuhe auszogen. Hier schieden sich die Geister nun endgültig. Für die einen war Rave das Größte. Die anderen klammerten sich weiter an Metallica, AC/DC oder Pink Floyd fest – mit dem Argument: „Die machen wenigstens ihre Musik noch richtig selber.“ Zugegeben: Die Dancefloormusik, die Anfang der 90er-Jahre mit Bands wie Haddaway, Snap, Loona oder DJ Bobo vorübergehend die Charts stürmte, war

Bumm, bumm, bumm.
Der neue Berufswunsch: DJ!

„It's my life" – mit diesem Song landete Dr. Alban einen Megahit.

gegen den neuen Trend ab Mitte der 90er völlig harmlos. Die Texte bestanden oft aus kaum mehr als fünf englischen Wörtern, vorzugsweise „Baby", „Love", Away", Heart" und vielleicht noch „oh no".

Tatsächlich kam später beim „Rave", „Trance" und „House" bei so mancher Disconacht das Trommelfell an seine Belastungsgrenze. Es waren keine Gruppen oder Sänger mehr, die Musik machten. Es waren DJs – wie zum Beispiel Marusha, die Frau mit den grünen Augenbrauen. Sinn des abendlichen Ausgehens war nicht mehr, sich mit Freunden zu unterhalten. Sinn war, so heftig und lange wie nur möglich zu tanzen. Und zwar allein. Das wiederum hatte zur Folge, dass sich Aufputschmittel etablierten, die genauso waren wie die Musik – synthetisch nämlich.

Viele Discogänger kippten irgendwann vom vielen Tanzen einfach um. Denn „Ecstacy", die Droge der 90er, machte so high, dass man keinen Durst mehr empfand, nicht erschöpft war und dauerhaft nächtelang durchzappeln konnte. Wer eine der Pillen mit einem Kleeblatt oder Herzchen drauf „geschmissen" hatte, war zwar lange fit, aber lag genauso schnell am Boden und musste unter Umständen ins Krankenhaus transportiert werden. Eine heiße Debatte begann, in der die Zusammenhänge zwischen dieser neuen synthetischen Musik und den synthetischen Drogen leidenschaftlich diskutiert wurden.

Erlaubt ist, was gefällt

Apropos diskutiert: Diskussionswürdig war ab 1994 eigentlich alles. Sind Dicke attraktiv? Ist es chic, bisexuell zu sein? Haben Väter Anspruch auf ihre Kinder? Als die Österreicherin Arabella Kiesbauer 1994 mit ihrer Talkshow „Arabella" bei Pro7 auf Sendung ging, konnte jeden Nachmittag über derart wichtige Themen gestritten werden. Und weil die heilige Quote den Fernsehmachern signalisierte: „Hey, die Leute wollen diesen Quatsch tatsächlich sehen!" – schossen Talkshows aus dem Boden wie Pilze im Wald. Man konnte sich kaum retten vor Selbstdarstellern, Schicksalsgebeutelten und Durchgeknallten, die Tag für Tag auf einem der Privatsender über ihr absonderliches Leben berichteten. RTL zog mit „Bärbel Schäfer" nach, „Vera am Mittag" wurde zu einer ernst zu nehmenden Konkurrenz für die Tagesschau um 12, und Jürgen Fliege hatte mit seiner Show auf ARD noch die kultiviertesten Themen im Angebot.

Flussschifffahrtskapitän

Für viele von uns war die Schulzeit schon vorbei. Einige jedoch, die die nächsten ein bis zwei Jahre aufs Abitur zuarbeiteten, mussten tatsächlich noch zu Schulzeiten lernen: Wie du bisher geschrieben hast ist Quatsch. Ab sofort geht das alles anders. Da hatten wir uns so mühevoll durch ungeliebte Diktate gekämpft – und jetzt das! Wir mussten lernen, dass unser geliebtes „Rucksack-S" – wahlweise auch „EsZett" oder „Dreierles-Es" genannt – von nun an nur noch bei ganz bestimmen Wörtern vorkam. Wir mussten schlucken, dass man „Flussschifffahrtskapitän" jetzt mit drei s und drei f schrieb. Wir mussten kapieren, dass man jetzt das s vom t trennen durfte. Und viele komische Dinge mehr.

Am 1. Juli 1996 einigten sich die deutschen Bundesländer, Österreich, die Schweiz, Liechtenstein und weitere Staaten mit deutschsprachigen Bevölkerungsteilen auf die Neuregelung der deutschen Rechtschreibung, die zum 1. August 1998 umgesetzt werden sollte. Schon mit dem Schulbeginn 1996/1997 richteten sich manche Bundesländer nach den neuen Regeln, die zu einer hitzigen Debatte in der Öffentlichkeit führten. Auf der Frankfurter Buchmesse unterzeichneten rund 100 Schriftsteller und Wissenschaftler die sogenannte „Frankfurter Erklärung", um die Reform in letzter Minute doch noch zu stoppen.

Die neue Rechtschreibreform haben die meisten von uns nicht mehr in der Schule gelernt.

Fan-Atismus

Wir waren zwar noch Teenies, aber so viel Verstand hatten wir inzwischen, dass wir uns nicht vom Hochhaus stürzten, als die Band „Take That“ sich am 13. Februar 1996 trennte. Leider drohten genau damit tatsächlich einige Mädchen, die Gary Barlow, Mark Owen, Howard Donald, Jason Orange und Robbie Williams verfallen waren. Wir fanden zwar auch viele der zum Teil ziemlich schnulzigen Lieder („Babe“, „Back for good“ und „How deep is your love“) dieser Boy-Band grenzenlos gut, aber so weit – wie damals in der fünften Klasse bei den „New Kids on the Block“ – ging unsere Hysterie dann auch nicht mehr. „Take That“ war in den Medien zu den „neuen Beatles“ hochgejubelt worden. Aber selbst wir wussten bereits, dass dieser Vergleich natürlich völliger Blödsinn war. Das Konzept „Boy-Band“ etablierte sich kurz vor unserem „Erwachsenwerden“ zusehends. Die „Backstreetboys“ aus Florida seien hier noch genannt, die ab 1995 mit Songs wie „Quit playing games“ oder „We've Got It Going On“ die Charts und vor allem die weiblichen Herzen im Sturm eroberten.

Heiß geliebt oder viel gehasst? Wie auch immer, Take That war die Boygroup der 90er-Jahre.

Erwachsen?

Puh! Irgendwie ganz schön was los gewesen in unserer Kindheit und Jugend. Und jetzt? Wir haben den lang ersehnten 18. Geburtstag längst hinter uns. Der Kater ist ausgeschlafen, der Kopf brummt nicht mehr, die Sektflaschen sind weggeräumt. Und das, worauf wir uns immer so gefreut hatten – erwachsen sein – was ist jetzt damit? Wir haben uns an die Vorteile gewöhnt.

Ans Autofahren, ans Geldverdienen und an die Berechtigung, Alkohol in rauen Mengen zu konsumieren oder so viele Zigaretten zu rauchen, bis uns schlecht wird.

Wir dürfen schon lange bis morgens in der Disco bleiben, wir dürfen alle Filme im Kino ansehen, und wenn sie auch noch so blutrünstig sind. Aber wollen wir das überhaupt?

Bis zum Abi ist's noch ein Weilchen hin.

Wir haben uns auch an die Seiten des Erwachsenseins gewöhnt, die wir vorher nie bedacht hatten: Verantwortung, Verpflichtungen und die Tatsache, dass wir inzwischen von Leuten mit „Sie" angesprochen werden, die so alt sind, wie wir irgendwann mal waren. Wir haben gelernt, dass wir nicht mehr alles unterschreiben dürfen, was man uns unter die Nase hält. Dass man uns und nicht mehr unsere Eltern haftbar macht, wenn wir anderer Leute Eigentum kaputt machen. Und dass wir uns aus diesem Grund mit schrecklich komplizierten Dingen wie Versicherungspolicen beschäftigen müssen. Wir sollten wegen der Kinder bei Rot an der Ampel stehen bleiben. Das nennt man Vorbildfunktion. Wir sollten uns an unsere eigenen Schandtaten erinnern, bevor wir mit unseren Kindern schimpfen.

Aber solange uns im Bus noch niemand höflich mit mitleidigem Blick einen Sitzplatz anbietet, ist noch nicht aller Tage Abend. So lange können wir noch weiter als „Jahrgang des Pferdes" durch die Tage galoppieren und verkünden: „Ich will nie erwachsen werden!"

Der Geburtstagskuchen von den Kumpels zur Volljährigkeit konnte auch ein bisschen anders aussehen als sonst.